物語(ストーリー)でわかる
スタートアップファイナンス入門

中井 透 [著]

Startup Finance

中央経済社

新版の発刊にあたって

　今から20年以上も前の1990年代のおわり，カリフォルニア州立大学で在外研究の機会を得て1年間滞在し，その間お気に入りの愛車でサンノゼ，シリコンバレーへ足しげく通いました。インキュベーション施設で起業を夢見る若者や，彼らの夢を財政面で支援しようとするベンチャーキャピタルの人たちと話す中で，起業家にとってのファイナンス，つまり財務管理の重要性を実感しました。

　帰国後しばらくして，『入門アントレプレナーファイナンス』を上梓し，同じ問題意識から，さらに平易に解説した『物語（ストーリー）でわかるベンチャーファイナンス入門』を上梓しました。本書は，その新版として位置づけられます。

　本書の初版は2013年に発行されました。おかげさまで，著者の意図がある程度浸透したのか，増刷を重ねて7刷を数えるまでに至っています。この間，誤字・誤植の修正やデータの更新などをおこなってきましたが，初版から10年を超えたのを機会に全体の構成などを見直し，冗長になりがちな物語の部分をなるべく簡潔にして，その分新しいトピックを追加することで内容の充実を図りました。また，できる限り生のデータを増やして，実態をご理解いただけるように努めました。さらに，株主への利益還元策について新たな話を設けて，第14話として最後に配置しています。

　加えて，ともすれば数字の羅列になりがちな財務管理のテキストに，もっと親しみを持って接していただきたいとの願いから初版ではあえて縦書きにしましたが，当初意図したほどの効果が得られなかったこともあり，版を改めるにあたって横書きに変更しました。これにともない，公式などの表記とその説明方法を分かりやすくすることに配慮しました。

　このように，新版の刊行を機に大幅な変更，修正，追加を施していますが，なんといっても一番大きなものは，タイトルの変更です。初版のプロローグにおいて起業家が興した会社を「ベンチャー企業」と呼ぶことへの疑問を呈して

いましたが，とはいえ，世の中ではそう呼ぶのが主流となっていました。しかし，この10年間で，初版でも示したとおりの呼び方である「スタートアップ」という呼び名が市民権を得て，より多く使われるようになってきました。

　たとえば，日経テレコンデータベースによりますと，初版刊行時の2013年に日本経済新聞各紙（日本経済新聞朝・夕刊，日経産業新聞，日経MJ（流通新聞））に掲載された「ベンチャー企業」は837回，「スタートアップ」は13回でした。それが2023年には「ベンチャー企業」が117回，「スタートアップ」が3,283回と逆転しています。初版刊行時に問題意識として指摘したことが是正されたと言えるでしょう。まさしく「我が意を得たり」の心境であり，この流れを契機と捉えてタイトルを変更した次第です。

　起業家が創業した新興企業の通称が「ベンチャー企業」から「スタートアップ（企業）」に変化しても，その成長過程におけるファイナンスの重要性は変わりません。むしろ，より重要であると認識されるに至っているのです。

　2022年4月に経済産業省から『スタートアップの成長に向けたファイナンスに関するガイダンス』と題した小冊子が発行されました。このガイダンスではファイナンスの重要性を以下のように説明しています。「ファイナンスは，成長のドライバーとして重要であり，適切なファイナンス戦略を取ることで成長を加速させることが可能となるが，一方でその複雑性や不可逆性もある。」(p.4)「そのためにもスタートアップ経営者やCFOは，ファイナンスの全体像や想定されうる課題と検討ポイントを予め把握しておくことが大切である。」(p.4)

　本書は入門書ですから，ファイナンスの全体像を網羅しているわけではありません。しかし，最良と思われるファイナンス戦略を取るために，まずは学びはじめていただければ望外の幸せです。

2025年2月

中井　透

はじめに

　大学で財務管理論の講義を担当するようになって20年以上が経ちました。また，経営コンサルタントや研修の講師としてビジネスパーソンに対してファイナンスの要諦を語るようになって25年近くになります。この間，共通して感じてきたのは，受講生の反応がいまひとつであるということです。

　講義の内容ややり方が拙いからだろうと言われそうですし，確かにある部分において否定できない事実かもしれません。しかし，筆者は同時に，経営戦略論やベンチャー企業論も，大学や大学院，そして企業内研修の場で講義をしてきているのですが，こうした講義と比べても財務管理（以下では講義における財務管理論や管理手法としての財務管理を「ファイナンス」と呼ぶことにします）の受講者の反応が異なっているのです。

　なぜでしょうか？

　ひとつの可能性として，筆者は次のように考えています。

　ファイナンスの重要なトピックスとしては，たとえば資金調達，投資決定，利益計画，資本コスト，ポートフォリオなどがありますが，どれも細切れで解説される場合が多く，実際のビジネスにどう関わっているのかがもうひとつ見えてきません。

　多くのファイナンス（あるいは会計学も含めて）担当者は，トヨタ・日産・ホンダ，アサヒ・キリン・サッポロ，ローソン・ファミリーマート・セブンイレブンなど，実在する生のデータで比較しながら苦労してリアリティを演出しますが，やはり現実味に乏しい。

　一方の経営戦略やマーケティングでは，具体的な経営行動を題材にしていますし，それをツールに落とし込んで意味づけしていきますから，聴いている方も「なるほど」と納得しやすいのです。

つまり，誰もが知る大企業を題材にした「物語」があって，そこに自分の姿，会社の状態という「現実」と対比しながら考えていけるから分かりやすいのです。少なくとも，分かったつもりにはなるのです。この「腑に落ちやすさ」が大事なのです。
　ファイナンスはこの点，分かったつもりになりにくい学習領域なのかもしれません。
　このようにして考えると，ファイナンスも，物語に沿って現実と対比させることで想像しやすくなり，興味とやる気を喚起させることができるのではないでしょうか。
　筆者は2005年に『入門アントレプレナーファイナンス』を上梓しました。
　高い志を持った起業家の方々にファイナンスの知識と管理手法を知ってもらい，さらなる成長を目指していただきたい。そんな意図がありました。おかげさまで，当方の趣旨はそれなりに受け入れられたと感じています。
　そんなとき，前著をベースに「もっと分かりやすい」本を書いてみないかとのお誘いをいただきました。物事を分かりやすく伝えるためには，深い知識と経験が不可欠です。そのことを承知している筆者のような浅学菲才が「分かりやすく」書くことができるのか。躊躇する筆者の背中を押したのが，「物語を通して現実に近づけることで身近に捉えてもらい必要性を認識してもらおう」という考えでした。
　本書に登場する船出拓君は架空の人物ですし，教授と彼とのやり取りの中で展開される物語はフィクションです。しかし，今日に至るまでの筆者の受講者の中に数多いる起業家精神を持った人たちをイメージしたのが船出君であり，これまでの研究やインタビューを通じて知り得た多くの起業家の方々と彼らの考えが物語のベースとなっています。
　その意味では，本書で展開されるシナリオは，どこにでも，誰にでも起こりうる身近な物語なのです。
　しかし本書が，ファイナンスを分かりやすく伝えるためのテキストである以上，面白い物語だけで終わっていたのでは目的が果たせません。可能な限り，

はじめに

　ファイナンスの主要なトピックスを散りばめ，物語に関連づけています。船出君の起業物語を追っていくことで，その過程で発生するファイナンスの諸問題について学ぶことができるようにしたつもりです。ファイナンスを「分かりやすく」学びたい人は，ベンチャー企業の経営者，起業家だけではないのですから。

　起業家の物語に沿ってファイナンスのトピックスを紹介することと，学習しやすくするために体系的に整理することが両立できたのかは，読者の皆さんの評価に委ねたいと思います。

　本書は，経営活動の遂行における，なかんずくベンチャー企業の経営管理におけるファイナンスの重要性を「分かりやすく」伝えたいとの積年の思いに対するひとつの挑戦の成果です。

　この間，ファイナンスやベンチャー企業研究のどうしから知的刺激を受けるとともに，潜在化していた構想を顕在化するようなヒントを与えていただきました。参考文献として読者の皆さんにご紹介せていただくことで，感謝の意を表したいと思います。

　また，追手門学院大学の岡崎利美先生とフューチャーベンチャーキャピタル株式会社代表取締役社長の今庄啓二氏には，大変ご多忙の中，原稿の段階から目を通していただき，散在する誤謬や不備をご指摘いただきました。もちろん本書の内容についての責任は著者にありますが，少しでも充実したものになっているとすれば，貴重なアドバイスをいただいたお二人のおかげです。ここに記して，心より感謝いたします。

　困難な出版事情の中で新しい企画の一環として本書を執筆することを勧めていただいた中央経済社経営編集部の納見伸之編集長，市田由紀子氏，そして編集段階でお世話になった酒井隆次長にも深甚の謝意を表します。

　何ごとにおいても，最後までやり遂げるためにはさまざまな困難がともないます。それを克服できるのは，支えてくれる人がいるからです。私の場合，それが家族です。父節雄（経営学博士）と母紀美子の存在は，本書を仕上げる上での大きな支えでした。そして今回もまた，妻容子と二人の息子，亮と俊に本

書を捧げることで，精神的に支え続けてくれている彼らに感謝の気持ちを表したいと思います。

2013年1月

洛北の研究室にて

中井　透

目　次

新版の発刊にあたって／3
はじめに／5

プロローグ　スタートアップという冒険 ─── 13

1. ファイナンスは面白くない？／14
2. 誰がリスクを背負うのか／14
3. 空虚な理想か無謀な賭けか／17
4. スタートアップにこそ求められるファイナンス／18

コラム　起業家に求められるもの／16
コラム　先輩経営者のスタートアップファイナンスについてのつぶやき／19

第1話　事業計画とファイナンスの重要性 ─── 21

1. ビジネスプランはなぜ必要か／22
2. ビジネスの仕組みをカタチにする／22
3. ファイナンスの機能／26
4. 広義と狭義のファイナンス／28
5. 効果的な経営と効率的な経営／29

コラム　「思い込み」から「想いコミ」へ／25

第2話　会社を創る ─── 31

1. 個人と法人／32　2. 会社の種類／32
3. 株式会社とは／34　4. 合同会社とは／35

コラム　イギリスかオランダか／35
コラム　「社長」と「代表取締役」はどう違う／38

第3話　おカネの流れを管理する ── 41

1．経営活動とおカネの流れ／42　2．企業資本の二面性／44
3．ストックを表す貸借対照表／46
4．フローを示す損益計算書／48
　コラム　劣後のステークホルダー／43
　コラム　財務会計と管理会計／44

第4話　成長に応じた資金を調達する ── 53

1．どのような資金を調達するか／54　2．資金調達の実態／57
3．成長ステージ別で考える／58
4．リスクマネーを手に入れる／61
5．多様化する資金調達手段／63
　コラム　ハンズオン／63

第5話　利益と現金を区別する ── 65

1．現金主義と発生主義／66
2．キャッシュフロー計算の意義／67
3．キャッシュフロー計算書の構造／68
4．フリーキャッシュフローとは／70
5．キャッシュフロー計算書の読み方／72
　コラム　キャッシュフローとポートフォリオ経営／71

第6話　仕事とおカネは反比例？ ── 75

1．成長を管理する／76　2．流動資産の管理と運転資本／77
3．正味運転資本の管理と資金計画／80
　コラム　どなた様も現金にて…／76

目　次

第7話　仕事の成果を評価する ―――― 87

　　1．経営は相対比較／88　　2．収益性をみる／89
　　3．安全性をみる／93　　4．生産性と付加価値をみる／95
　　5．比較する／98
　　コラム　デュポンモデルによる分析／96

第8話　利益目標を立てる ―――― 101

　　1．利益計画と利益目標／102
　　2．費用の中身を知って分解する／102
　　3．損益分岐点分析／105
　　4．オペレーティング・レバレッジ／108
　　コラム　「レバレッジ」って何のこと？／110

第9話　発展に向けて投資する ―――― 113

　　1．投資の分類／114　　2．投資の決定／115
　　3．貨幣の時間価値を考える／116　　4．投資案件の評価方法／119
　　コラム　「コスパ」「タイパ」と効率的経営／115

第10話　おカネのコストを意識する ―――― 125

　　1．資本コストとは／126　　2．資本コストの求め方／128
　　3．加重平均資本コスト／130
　　4．ファイナンシャル・レバレッジ／131
　　コラム　中小企業のレバレッジ効果／133

第11話　企業の価値を測る ―――― 137

　　1．なぜ企業価値が重要なのか／138
　　2．スタートアップの企業価値とは／139

3．企業価値の評価方法／140

　　　4．経済付加価値による評価／146

　　　コラム　PBRが1未満の会社／144

　　　コラム　EBITDAとNOPAT／147

第12話　株式の公開を目指す ——————— 149

　　　1．株式を公開する／150　2．どこの株式市場を目指すのか／151

　　　3．株式の売り出し／155　4．公募価格の決定／156

　　　5．上場後の評価／157

　　　コラム　NASDAQ／152

第13話　M&Aで時を買う ——————— 161

　　　1．戦略的に「出口」を考える／162　2．M&Aの分類／163

　　　3．買い手が期待する効果／165　4．成否を分かつ基準とは／167

　　　5．さまざまなバイアウト／168

　　　コラム　事業承継とM&A／165

第14話　成果を株主に還元する ——————— 171

　　　1．株主還元とは／172　2．配当による株主還元／173

　　　3．自社株買いによる株主還元／175

　　　4．目標としての株主資本配当率／177

エピローグ　スタートアップファイナンスという保険 —— 179

索　　引／181

プロローグ　スタートアップという冒険

　船出拓（ふなでひらく）君は，教授のゼミの教え子。在学当時から明朗快活でチャレンジ精神旺盛な新しもの物好き。就活もそつなくこなし，輸入雑貨を扱う中規模企業に就職。仕事も順調で，入社10年目の節目を機に，独立・起業を考えるようになりました。早速，学生時代に教授から教わった財務管理論，経営戦略論，ベンチャー企業論の３科目を中心に学び直しはじめたのですが，講義を聞いて理解したつもりでいた，特に財務管理の内容が，実は分かっていなかったことを実感するに至ったのです。経営戦略論やベンチャー企業論はとても理解できたし，興味深かったことを覚えているのに。このままでは起業するのに不安が払拭できません。そこで教授の研究室を訪ねて助言を得ることにしたのでした。
　10年間仕事をしてきたからこそ感じるものがあります。ビジネスの世界では，なかなか先が見通せない，リスクが多く潜んでいる。だからこそ熱い想いだけでなくリスクを少しでも軽減させる努力が不可欠だと感じていたのです。
　さぁ，教授に助言を得ながらの，船出君のスタートアップ経営者としてのストーリーが始まります。

最近ファイナンスについて，分からないことが分かってきたというか，分かってないことを実感するようになってきました。

仕事で得た経験に則してファイナンスの知識を知恵に変えていくことが，未知の世界で頑張っていくためには必要不可欠ではないかと思って，もう一度シッカリ学び直したいです。

独立して起業するには多くのリスク（危険）が待ち構えています。リスクを軽減するための行動をリスクヘッジといいますが，ファイナンスの重要性を「実感」することが起業における重要なリスクヘッジと捉えたわけですね。偉い！　一緒に頑張っていきましょう。

1．ファイナンスは面白くない？

　大学での授業内容は理解したつもりでいたのに，あまり分かっていなかったことに気付く。そしてその内容が，起業を目指す自分にとって必要不可欠であると実感する。船出君はこのことを体験したようですが，実はなかなか得難い経験なのです。

　そもそもファイナンス[1]が学習対象として，あるいは日常業務で担当する職務機能として「難しい」とか「ややこしい」と思われがちなのは，経営学の他の領域と比べて数字を多く使うからでしょう。数字を使って企業経営の効率性を評価する管理手法のひとつである以上，そこには最適な解が存在します。たとえば，1＋1は2でなければならないというように，正解を求められることが多いのです。ですから，正解にたどり着けなくなったとき，難しく思えたり，ややこしく感じたりして，敬遠してしまうのです。

　船出君は，同じ教授から教わっていたにもかかわらず，経営戦略論やベンチャー企業論は興味深かったと感じていました。なぜでしょう。これらには，望ましい意思決定や最善と考えられる行動はあっても，「〜でなければならない」という正解がないからです。正解がなければ，間違いも起きません。いや，もしかしたら間違っているかもしれないのに，顕著に現れなかったり，気付いていないだけなのかもしれませんが。

2．誰がリスクを背負うのか

　なぜ自ら起業することが「危険」な行為なのでしょうか。危険の英訳のひとつにリスク（risk）がありますが，リスクは努力次第でその程度を低下させることができます。だとすると，起業にあたっても，できる限り可能な対応を取っておくことで「危険」の程度を低下させることができるのではないでしょうか。

---

1)　本書ではこれ以降，企業財務の理論や管理の手法を総称して「ファイナンス」という用語に統一することにします。

プロローグ　スタートアップという冒険

　ところで，起業して新しく始めた会社をベンチャー企業，あるいは彼らの事業を総称して，冒険的な仕事ということでベンチャービジネスと呼んでいます。実はこのベンチャービジネスという言葉は和製英語です。日本でいうベンチャービジネスに相当する英語はスタートアップ（start-up），あるいは単にスモールビジネス（small business）と表現されます。つまり，アメリカにはベンチャービジネスは存在しないのです。

　その代わりといっては何ですが，「ベンチャー」が付くものとして，ベンチャーキャピタルという業態が存在します。ベンチャーキャピタルは，新しくできた会社におカネを提供し，その会社の株式を受け取ります。会社が成長して株式の価値が上がれば，株式を売却することで投資したおカネを回収するのです。これがベンチャーキャピタルの仕事であり，主な収入源です。

　このようにうまくいけば良いのですが，おカネを提供した会社が成長しないとか，場合によっては倒産してしまうこともあります。倒産すれば，提供したおカネは返ってきません。つまり，おカネと引き換えに受け取った株式が紙くずになってしまうのです。これこそ，危険な，冒険的な仕事ではないでしょうか。回収不能のリスクを冒してまで新しくできた会社に投資するベンチャーキャピタルこそ，まさにベンチャーなビジネスです。この仕事に対してベンチャーという言葉が使われているのにも頷けるでしょう。

　一方，ベンチャーキャピタルからの資金を得て事業をスタートさせた起業家に対しては，その成長を促進させるための多くの支援が施されます。不幸にして倒産に至ったとしても，損失を被るのは資金の出し手であるベンチャーキャピタルであって，起業家個人としての全財産や社会的名声を失うものではありません。

　危険なおカネ（リスクマネー）の多くを提供するのは，起業家個人ではなく，ベンチャーキャピタルや，より早期の段階で関わってくれる個人投資家（ビジネスエンジェル）たちなのです。つまり，起業に際して失う可能性の存在が限定されているという点で冒険的事業ではないという観点に立てば，アメリカにおいて，創業企業にベンチャーという言葉が当てられていないことも頷けます。

> **コラム**　起業家に求められるもの
>
> 　起業家に求められる事柄や素養については各方面でいろいろと論じられていますが，ここでは「3F」「4I」と「5M」で表現してみることにしましょう。
>
> 【3F】
> 　まず創業時の資金調達先を示したのが3つのFです。
>
> 　　Founder　　創業者自身
> 　　Family　　　家族（親兄弟・親戚）
> 　　Friend　　　友人・知人
>
> 【4I】
> 　次に，起業に先立つ構想段階において求められる力を示したものが4つのIです。
>
> 　　Idea　　　　　着想力：着想やアイデアを形にする力
> 　　Innovation　　革新力：新しいものを生み出そうとする力
> 　　Information　 情報力：情報の受発信とコミュニケーション力
> 　　Intelligence　 思考力：適切な意思決定を可能とする知能と理解力
>
> 　最後に，起業の初期段階において必要不可欠な資源や要素が5つのMで示されます。
>
> 【5M】
> 　　Man　　　　人材：単なる頭数ではなく「4I」を備えた人材
> 　　Material　　素材：競争優位な製品，サービス，技術
> 　　Money　　　資金：企業成長に欠かせない潤沢な資金とその提供者
> 　　Market　　　市場：ニーズの有無，潜在的顧客の規模
>
> 　人材（ヒト），素材（モノ），資金（カネ）の経営資源を効果的，効率的に配分して市場との関係を良好に保つ行為が経営管理（Management）です。4つのMをどう活かすかは，この5つ目のM（Management）次第なのです。

　一方わが国のベンチャー企業を見れば，和製英語が示すとおりの，まさに冒険的事業であるといえるでしょう。リスクマネーの供給体制が整備されつつあるとはいえ，まだまだ十分ではありません。創業にあたって，そして成長していく過程で，必要なおカネのほとんどは自分で手当てしなければならないのです。家族や知人・友人のごく一部が理解者となっておカネを出してくれるとす

れば，これはかなりラッキーなケースだといえるでしょう。そして万が一事業に失敗すれば，自分のおカネを失うだけでなく，近しい人にも迷惑をかけることになるのです。このような環境下では，起業そのものに大きなリスクがともなうことになります。

さらに言えば，わが国では，創業時支援や創業後の経営管理について専門家を派遣するなどといった支援体制が必ずしも十分であるとはいえず，その結果，仕事を進めていく中でもリスクが生じていく可能性があります。

わが国のベンチャー企業は，まさにベンチャーなビジネスであり，起業家は起業にあたって多くの危険負担を強いられているのです。

3．空虚な理想か無謀な賭けか

ところで，起業家のことをアントレプレナー（entrepreneur）といいますが，彼らはどのような人たちなのでしょうか。

アントレプレナーはentreとpreとneurの3つの語から成り，それらはラテン語を語源として，それぞれentre=enter（入る），pre=before（以前に），neur=nerve center（神経中枢）を意味しているといわれています[2]。つまりアントレプレナーとは，あるビジネスに参入し，そのビジネスの中枢を形成したり，大きく変えたりする人であるといえるでしょう。

一方，ベンチャー（venture）には，「冒険的企て」という意味や，「危険を冒す」といった意味があります。危険を冒して暗夜に大海へと漕ぎ出る小船を連想すれば理解できるように，それは，まさに冒険的企てであり，危険を冒す（take a risk）行動以外の何ものでもありません。目標地点に到達し得るかどうかは，まさに賭けそのものであり，無謀な行動であるといえるでしょう。

このように，あまり考えもせずに行動ばかりが先にたつ人は，危なっかしくて見ていられません。しかし，だからといって理屈ばかりこねて実際に行動を

---

2) Shefsky, L.E., *Entrepreneurs Are Made Not Born*, McGraw-Hill, 1994. 本のタイトル通り，起業家は生まれてくるものではなく，育て上げるもの。育成のための支援が必要だと言えるでしょう。

起こさない人は，見ていて虚しいものです。

理論なき実践は無謀
実践なき理論は空虚

　理論と実践は車の両輪のごとく，どちらが不十分であってもダメなのです。

　本書を手にしている皆さんは，すでに行動を起こしているか，近い将来に自分の考えを実践に移そうと考えている人たちです。つまり，虚しくなるような理想だけを語って終わってしまうことを受け入れない，アントレプレナー精神旺盛な人たちだと思います。そういう人たちの行動が，理論を無視したイチかバチかの無謀な賭けであってはならないのです。

　中小企業白書によれば，わが国には350万社ほどの企業があり，そのうち99.7％が小規模企業，あるいは中小企業です。しかも，わが国の企業は減少傾向にあります。これからますます成熟社会を迎えるわが国において，せめて今ある企業の数を減らさないためにどうしたらいいのかを考えるべきかもしれません。そのためには，少なくとも，無謀な賭けで仕事を始めるようなことは避けるべきです。こうした状況下で，自らの主体的な意思と行動によって少しでもリスクを軽減できるとしたら，何をなすべきでしょうか。新しく事業を起こす起業家にとっては，経営を知り，ファイナンスの知識に裏付けられたキチンとした経営をおこなっていくことこそ必要なのではないでしょうか。

4．スタートアップにこそ求められるファイナンス

　筆者は以前，わが国のスタートアップの経営者の方々にファイナンスに関するアンケート調査を実施して，スタートアップのファイナンスについて感じたこと，日頃から思っていることを自由に回答してもらったことがあります[3]。

3）　中井透「ベンチャー企業に対する資金供給システムの日米比較」『科学研究費補助金研究成果報告書』基盤研究（C）研究課題番号12630144，2003年6月

プロローグ　スタートアップという冒険

> **コラム**　**先輩経営者のスタートアップファイナンスについてのつぶやき**
>
> ◇ベンチャー企業の創業者は，ファイナンスについて知識不足である。もっと，勉強すべきである。
> ◇ベンチャー企業の財務体質は概してとても弱く，常に倒産のリスクを抱えているといえる。こうしたリスクを少しでも低下させるために，ファイナンスに最大限の注意を払っている。
> ◇財務面については設立当初から専門家の配置が望まれると思う。特にスタートアップ期については経営者が経理事務を行うことでまかなえるが，できるなら当初より専門家が担当する方がよい。
> ◇技術系ベンチャーにとってファイナンスは最大の課題である。当社も含めて，ソフトウェア開発のスタートアップ期のベンチャーには，ファイナンスのマネジメントをできる人材はほとんどいない。
> ◇ベンチャーは初期のガムシャラさがエネルギーとなり，資金の恐ろしさを体験して初めて，一流の経営者になる。
> （回答文中での「財務」という表現を本書の趣旨に照らして「ファイナンス」に置き換えている箇所があります）

　回答内容を抜粋してコラムに記載しています。ファイナンスの重要性について身をもって体験し，認識している先輩経営者の考え方がお分かりいただけると思います。

　経営知識やノウハウとは，言うまでもなく企業を経営するために必要となる知識や情報，やり方やコツを指します。具体的には製品やサービスを作り出すこと，それを売ること，人を育てること，おカネを調達すること，そのおカネを活用して利益を上げること，さらにはそうしたことを通じて競争優位に立つことなどについての知識や方法です。

　起業家の方々に，特にその初期段階において，こうした知識やノウハウが十分に備わっていないためキチンとした経営がおこなわれず，結果として失敗に至っているとすれば不幸なことです。しかもこれらの知識やノウハウの中で，モノ作りやヒトの育成に関する重要性はそれなりに認識されているようですが，

経営資源3大要素の残りの1つであるおカネに関わる経営知識やノウハウの重要性はあまり認識されていないように思われます。

　起業家にとって，自らが起こした企業を発展させていくために，技術の開発や売上高の増大を念頭におくことは当然であり，そのことを否定するつもりは毛頭ありません。むしろ強調したいのは，技術開発やマーケティングなどと同等かそれ以上に，おカネのマネジメント，つまりスタートアップのためのファイナンスについての知識やノウハウを得ることが必要不可欠ではないかということなのです。

　スタートアップは，先にも述べたとおりわが国では冒険的企てなのかもしれません。しかし，ファイナンスを知ることで，スタートアップファイナンスを実践することで，冒険的企てに潜む危険（リスク）を少しでも抑えることができるのであれば，ファイナンスを学ぶことの意義は十分にあるはずです。

ここがポイント！

☞ ベンチャービジネスは和製英語で，これに相当するのは「スタートアップ」である。日本のベンチャービジネスは，その名のとおりの「危険な事業」である。

☞ ファイナンスを学ぶことは，ベンチャービジネスに潜む危険（リスク）を少しでも軽減する上で，非常に重要である。

☞ 多くの先輩起業家たちが，ファイナンスの重要性を認識している。

第1話　事業計画とファイナンスの重要性

　船出君の構想にあるビジネスは地場産業であるデニム生地を使った高級ジーンズの販売です。「本当に良質であれば消費者は出費を惜しまない。そんな顧客層が多くいて，その割合は近年増加してきている」10年間輸入雑貨の販売に携わった経験からそう思った船出君は，本当に良いものを，その価値を分かってもらえる人に対して提供するビジネスを展開し，独自のブランドを築き上げたいと考えました。そこで考えたのが，高級ジーンズの販売であり，同質の生地を使ったアパレルと小物・雑貨への展開でした。周辺製品に展開することで統一ブランドとしての価値を高める狙いがありました。

　こうした構想をもとにして船出君が作った事業の計画，つまりビジネスプランは，確かに良くできていました。新規事業計画や中長期経営計画の作成について多くの企業に対して経営指導を行っている教授から見ても，世の中に多くある「思い込み」が激しいだけのビジネスプランではなく，船出君の「想い」が込められたものになっていました。

　このビジネスプランなら知り合いに何人かいるベンチャーキャピタリストに見せても高い評価が得られるかもしれません。ただし，ファイナンスが苦手なだけあって？　利益計画やキャッシュフローを中心とする財務計画の部分が不十分でした。このままではシビアな資金提供者らに弱点を突かれてしまうことは目に見えていました。合格点のビジネスプランを作るためには，ファイナンスの計画を中心に手直しが必要でした。

社内で新規事業のプレゼンをした経験をもとにビジネスプランを作成しました。キーワードは「手の届く高級感」です。自分の考えやコンセプトをキーワード化して表現するのは慣れてきましたが，いつまで経っても財務計画の作成には苦労させられます。

良くできていますね，さすが私の教え子。ただし，儲かる仕組み，つまりビジネスモデルは理解できても，具体的にいくら儲かるのか，どれだけ現金を生むのかが見えないですね。少しキツイことを言わせてもらうと，合格点のビジネスプランを作るためには，ファイナンスの計画を中心に，かなりの手直しが必要ってことでしょうね。

1．ビジネスプランはなぜ必要か

　事業を始めるにあたって，明らかにしておくべきことがいくつかあります。
　どんな戦略でどこの市場に参入するのか，事業を進めていく上でどのようなリスクや問題点があるのか，どういった成長のシナリオを描いているのか，その事業はどのようにして収益を獲得するのか，将来どれだけの額のおカネが必要となるのか，製造や販売にあたってどれほどの資源が必要となるのか，またそうした資源はどのようにして手に入れるのか，などです。
　ビジネスプランはこうした情報を明らかにし，外部の資金提供者やビジネスパートナーに対して，資金の提供や当該事業へ関わることについての意思決定をさせるために必要不可欠なものといえます。
　資金提供者やビジネスパートナーは，起業家が考えて実行しようとするビジネスモデルとその経営方針についてほとんど無知であるといって良いでしょう。したがって，当該事業に関わるかどうかの意思決定にあたっては，事業内容について詳しく，かつ分かりやすくまとめられたビジネスプランが必要とされるのです。

2．ビジネスの仕組みをカタチにする

　ビジネスプランは事業の詳細を明らかにするものであり，自らが説明しやすく，第三者に理解してもらいやすいものであることが求められます。その観点からすれば，ビジネスプランに盛り込むべき内容として特に決まったものがあるというわけではありません。一般的なビジネスプランを例にとれば，図表1－1のように大きく4つのパートに分かれて構成されていることが分かります。

(1) 全体を要約する（エグゼクティブサマリー）

　ビジネスプランの内容をコンパクトに要約したものがエグゼクティブサマリーです。報告書や企画書同様，ここを読むだけで事業計画の概要が理解できるもの，資金提供者にとって第一次的な判断を下せるものでなくてはなりませ

ん。その意味では，単なる本文の要約ではなく，アピールポイントが明確になっていることが求められます。

図表1-1　ビジネスプランの構成

エグゼクティブ サマリー	①製品・サービスの新規性・独自性 ②特徴的な技術やノウハウ　③収益を得るための仕組み
事業 コンセプト	①新規性　　②実現可能性 ③競合性　　④市場性・成長性
事業 スケジュール	①販売活動　　②購買活動　　③生産活動 ④設備投資活動　⑤人員計画　⑥研究開発活動
財務計画	①中期利益計画（予想損益計算書） ②中期資金計画（予想キャッシュフロー計算書）　③長期計画

出所：筆者作成

(2) **事業の概要を明らかにする（事業コンセプト）**

　これからおこなおうとする事業の全体像を明らかにすることがここでの目的です。

　事業の概要，基本となる考え方，特徴などといった事業コンセプトが示されます。最近よく「見える化」という言葉を耳にしますが，文章だけでなくイラストや体系図などを使って表現すれば分かりやすさが増すでしょう。事業コンセプトで示される内容は，①新規性，②実現可能性，③競合性，④市場性・成長性の4つです。

(3) **実行計画を策定する（事業スケジュール）**

　ここでは，先に掲げた事業コンセプトを実行に移すための具体的な計画とその方法を明らかにすることが目的となります。実行計画として盛り込む内容は，①販売活動，②購買（仕入）活動，③生産活動，④設備投資活動，⑤人員計画，⑥研究開発活動などです。これらの各々について3～5年の中期的な実行計画である事業スケジュールを作成します。

(4) 事業の可能性を検証する（財務計画）

　ビジネスプランの中でも，最も重要であり，注目されることになるのが財務計画です。ここでは，これまでに明らかにしてきた事業コンセプト，事業スケジュールにもとづいて事業展開をしたときに，果たしてビジネスとして成り立つのかが検証されます。

　財務計画では，①売上と利益がどれぐらいになるかを示す中期利益計画，②現金資金が不足することなく資金繰りが成り立つのかを示す中期資金計画，③株式公開などを視野に入れた将来像を明らかにするための長期計画が示されます。

　中期利益計画の策定は，「予想損益計算書」を作成することに他なりません[4]。売上高から費用を差し引いた利益がどれぐらいになるのかを明らかにして，事業が成り立つものであるかを検証します。予想損益計算書に記載される売上高や諸費用は，たとえば**図表1-2**のように，事業スケジュールで計画した内容がそのまま転記されることになりますから，中期利益計画は事業スケジュールの集大成ということになります。

　最終的には，利益を上げるために事業活動をおこなうわけですから，利益が満足に上がらない中期利益計画であるような場合，事業コンセプトや事業スケジュールに立ち戻って，これらを見直す必要があります。

　中期資金計画では，事業をおこなっていく上での資金繰りが検討されます。

　損益計算書の利益と現金資金の残高は別のものであり，利益が出ているからといって現金が潤沢にあるとは限りません（第5話で詳しく述べています）。

　現金の不足は倒産という事態を引き起こすことにもなりかねませんから，現金の管理，資金の計画が必要となります。そこで，「予想キャッシュフロー計算書」を作成することで資金繰りに問題が生じないかを検証します。

　長期計画では，7～10年ぐらい先の姿を描き，増資や借入れなどの資金調達や株式公開をおこなう場合のタイミングなどについての計画を策定します。

---

[4]　見積り財務諸表やプロフォーマ（pro forma statement）とも呼ばれるものです。プロフォーマとはラテン語で「仮の」「形式上の」「見積りの」などといった意味があります。

第1話　事業計画とファイナンスの重要性

図表1-2　事業スケジュールと予想損益計算書との関係

	第1期 ○年×月	第2期 ○年×月	第3期 ○年×月
①売上高			
②売上原価			
③売上総利益（①－②）			
④人件費			
⑤減価償却費			
⑥研究開発費			
⑦広告宣伝費			
⑧その他の費用			
⑨販売費及び一般管理費			
⑩営業利益（③－⑨）			
⑪支払利息等			
⑫経常利益（⑩－⑪）			
⑬法人税等			
⑭当期利益（⑫－⑬）			

販売活動 → ①売上高
購買活動 → ②売上原価
生産活動 → ②売上原価、④人件費、⑤減価償却費
設備投資 → ⑤減価償却費
研究開発 → ⑥研究開発費
人員計画 → ④人件費

出所：筆者作成

　財務計画の詳細を明確に示すことができるための知識や経営ノウハウが備わっていなければ，仮に画期的な新製品や優れたビジネスモデルであっても日の目を見ないことになります。
　ビジネスプランの質を上げて，第三者から高い評価を得ようとすれば，財務計画を立案するためのファイナンスの知識は必要不可欠なのです。

コラム　「思い込み」から「想いコミ」へ

　「我々が開発した製品は優れているからぜったい売れる」「このビジネスモデルは消費者ニーズに合致しているから必ず儲かる」
　自ら創り上げたものへの愛着と自信から，こうした「思い込み」が生じるのも

無理のないことかもしれません。しかしそれは自分の目線から見た独りよがりの考えであって，製品やビジネスモデルが本当に優れているかどうかはお客さん（市場）が評価するものなのです。

　起業家に必要なことは，独善的な考えを押し通すよりも，事業に対する「熱い想い」を第三者に伝えて客観的に評価してもらうことではないでしょうか。そのために必要な，起業家と資金提供者などの第三者を結ぶコミュニケーションのツールとして最も重要なものがビジネスプランなのです。起業家の「想い」を双方間のコミュニケーションの中でカタチにしてこそ，事業の構想が現実となるのです。

　つまり，ビジネスプランは，「思い込み」を「想いコミ」に変えてくれる重要で不可欠なツールといえるでしょう。

3．ファイナンスの機能

　仕事をしていく上で必要となる資源，つまり経営資源はヒト・モノ・カネであることは周知のとおりです。こうした経営資源を効果的，効率的に管理することを目的とした経営管理はさらに細分化されて，たとえば，人事管理（人的資源管理），生産管理，販売管理（マーケティング），研究開発，ファイナンス（財務管理）などとして遂行されることになります。

　このように，ファイナンスが経営管理におけるひとつの機能である以上，その遂行は管理のサイクルに従うことになります。管理のサイクルとは，プラン－ドゥ－シー（PLAN-DO-SEE）やプラン－ドゥ－チェック－アクション（PLAN-DO-CHECK-ACTION）などと表現されるものです。図表1-3をもとにしてファイナンスのPDCAについて詳しく見ていきましょう。

　ファイナンスでは，まず，掲げた目的や定めた目標を達成するために必要となるおカネを，いかに調達して運用するかについての計画がなされます（PLAN）。次に，調達したおカネの具体的な使いみちが検討され，実際に運用されることになります（DO）。この調達と運用の成果が検討されて評価されます（CHECK）。評価は活動成果の成績表ともいえる財務諸表を分析すること

第1話　事業計画とファイナンスの重要性

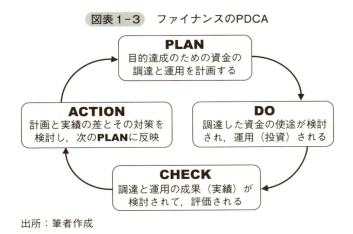

図表1-3　ファイナンスのPDCA

出所：筆者作成

でおこなわれます。その上で，計画と実績評価とのギャップを埋めるための対策が検討され，これがフィードバックされて次期の計画に反映されます（ACTION）。

このように，財務諸表分析を通じて新たな財務計画を策定することは，企業の全般的な経営計画や事業計画，目標設定に大きな関わりを持つことから，ファイナンスは経営管理の中でも重要な機能を有していると言えるでしょう。

ちなみに，本書では起業家の成長に合わせる形でストーリーが展開されていきますので，PDCAの順を追う形での構成となっていません。本書の章立てとPDCAサイクルとの直接的な関係は次のとおりとなっています。

まず，PDCAサイクルの全体像を第3話「おカネの流れを管理する」で扱い，PLANの目標設定と計画については第8話「利益目標を立てる」と第10話「おカネのコストを意識する」で触れています。またDOの資金調達は第4話「成長に応じた資金を調達する」で扱っており，資金運用について第6話「仕事とおカネは反比例？」と第9話「発展に向けて投資する」で述べられています。さらにCHECKの成果と評価については第5話「利益と現金を区別する」と第7話「仕事の成果を評価する」で論じ，成果が見える形となった企業価値について第11話「企業の価値を測る」で具体的な測定方法を明らかにしています。

27

そして，最後のACTIONを第1話「事業計画とファイナンスの重要性」で述べています。こうしたPDCAサイクルを回していく中で発生するファイナンスの重要な意思決定事項について，第12話「株式の公開を目指す」，第13話「M&Aで時を買う」，第14話「成果を株主に還元する」の3つの話題を設けて，スタートアップの関心が高いIPO，M&Aといった出口戦略とペイアウト政策について論じています。

4．広義と狭義のファイナンス

　ところで，ファイナンスは，その活動の範囲と目的を考える上で，広義と狭義に分けられます。

　広義のファイナンスとは，企業活動全体のおカネの流れを管理の対象とするもので，総合的財務活動とも呼ばれます。この活動の目標とするところは収益性の向上であり，それを通して株主の富を最大化することにあります。

　一方，狭義のファイナンスとは，おカネの出し入れや保管，金融機関への返済などといった，日常反復的に現場レベルでおこなわれる業務を指します。これは実体的（あるいは執行的）財務活動として認識され，流動性の維持，向上が活動目標となります。

　収益性とは，どれだけ儲かっているかという利益の水準を表すもので，流動性とは，どれだけおカネに余裕があるかという企業の支払能力を表すものです。ふつう，収益性が向上すれば，それにともなって流動性も向上ないしは改善されるはずです。つまり，儲かっていればおカネに余裕ができると考えるのが自然でしょう。

　しかしながら，過度に収益性を追求することによって逆に流動性が低下したり，流動性を高めようとすればするほど収益性が低下するといったことも起こりうるのです。なぜなのでしょうか。

　調達したおカネは，経営活動をおこなっていくために，人的資産や物的資産に投資・運用されます。これによって企業は収益を得ることになりますが，資産への投資は現金の残高を減少させることになりますから，流動性が低下する

ことにつながります。

　一方，流動性の維持，向上のために手持ちの現金資金を多く用意しておくことは，物的資産に対する資金運用を制限することになりますから，収益機会を逃すことになり収益性が低下してしまいます。

　このようにどちらか一方に注意を集中させてしまうことによって生じる弊害を避け，両者をうまく均衡させて管理する必要があります。その意味で，ファイナンスにおける広義・狭義というのは，管理度合いの上位・下位概念を指すのではなく，広義の収益性目標の範ちゅうに狭義の流動性目標が包含されると考えた方が妥当でしょう。つまり，流動性の維持向上なくしては，広義の収益性目標達成もおぼつかないわけです。

5．効果的な経営と効率的な経営

　3節冒頭で「経営資源を効果的，効率的に管理する」という表現を用いましたが，そもそも効果的な経営，効率的な経営とはどういった経営を指すのでしょうか。

　効果的経営とは，市場が求めているものが何であるかを的確に把握し，それに対応・適合できている状態をいいます。市場のニーズに合致した製品やサービスを提供することで売上が伸び，事業規模は拡大します。つまり，効果的経営とは拡大・成長を志向する経営であるといえます。

　一方，効率的経営とは，投入した経営資源を上回る産出結果がもたらされているような状態であるといえます。インプットを上回るアウトプットが期待できるものに対して資源投入をおこない，そのことで収益を得ることになります。高いアウトプットが期待できないものに対してはむやみやたらに資源投入をおこないませんから，効率的経営とは安定・収益を志向する経営であるといえます。

　ファイナンスは，効率的経営をおこなっていく上で，重要で欠かすことのできない管理手法なのです。

　先に見たような収益性と流動性の同時追求という命題同様，優良企業には効

果的経営と効率的経営の同時追求が求められます。しかし，スタートアップの経営を見てみると，自社の製品やサービスを市場に提供することで売上の急成長を図ろうとする効果的経営に注力するあまり，効率的経営が放ったらかしにされている例が少なくありません。

　創業間もない企業が，安定を求める道を選ばずに成長を志向するのは当然であるとしても，その成長の過程で企業内部をガッチリ固めるための効率性が低下してしまえば事業を継続することが困難になってしまうことも，決して忘れてはならないことなのです。

ここがポイント！

☞ ビジネスプランの中で最も重要であり資金提供者が注目するのが財務計画である。ビジネスプランの巧拙は財務計画の内容で決まるといっても過言ではない。

☞ ファイナンスの目的は，広義には収益性の向上，狭義には流動性の維持である。

☞ スタートアップは拡大・成長を志向するが，安定・収益を管理の対象とするファイナンスにも十分な関心を払う必要がある。

第2話　会社を創る

　教授と船出君との話題は，ビジネスプランの策定を通してビジネスの仕組みをカタチにしたあとの，そのカタチに息を吹き込む作業に進んでいました。

　努力して精緻化させたビジネスプランでも，予定には変更がつきもの。だからどんどん前へ進み，走りながら修正していけばいいのですが，その過程で接する多くの人から「おたくは会社じゃないの」って聞かれることが多くなってきました。個人事業ではなく，法人化しているのか。つまり会社を創っているのかどうかという話です。

　新しく事業を始めることが，すべて会社を創ることとイコールではありません。そしてそれは自分の事業を将来的にどうしたいのかということに大きく依存します。船出君は将来的には複数店舗を展開して，大阪や東京のファッションビルに出店したいと考えていました。つまり，事業を成長させて，拡大することを考えていましたし，そうした「想い」はビジネスプランに表現したつもりでいました。

　成長を意図しているのであれば資金が必要になります。そして，必要な資金を得るには，それに見合うだけの信用がなければなりません。そのためにも法人化して，取引先から信用されるような体裁を整えておく必要がありそうです。

　会社法という法律では，2006年以降，資本金1円で株式会社を創ることが可能となりました。これによって会社を創りやすくなりましたが，いったん創った会社を継続していくためには強い意志や経営に関する多くの知識が不可欠なのです。

始めるのはたやすいけれど，継続するには困難がともなう。会社を創るのはたやすくなったけど，発展させて，継続させるのは並大抵のことじゃない。

創った会社を継続的に発展させるには，強い意志や経営に関する多くの知識がいる。特に，ファイナンスの知識と実践が不可欠になるんですよ。器だけ作って体裁を整えても，それだけで取引先に信用してもらえるものではないですから。

自分の会社を大きくさせたいという強い意志を持っているかどうかが，会社を創る上で重要だってことですね。

1．個人と法人

　起業家は何を目標にしているのでしょうか。自分自身の仕事に，どんな将来像＝ビジョンを描いているのでしょうか。

　目標やビジョンを実現したり達成するために必要な戦略が立てられ，その具体的な実行計画がビジネスプランの中に落とし込まれていきます。こうした一連の作業の中で，事業の姿が明らかになっていきます。そして，その事業を続けていくためにどうあるべきかという，企業のカタチについて考える必要が生じてくるのです。個人事業として仕事を続けるか，法人化して会社を創るかの選択は，すべてのスタートアップが直面する課題といっていいでしょう。

　ところで，そもそも「会社」とは，何なのでしょうか。なぜ，会社を設立しなければならないのでしょうか。

　会社は「法人」の一種です。法人には，学校法人とか一般社団法人とかいろいろありますが，その中のひとつが会社です。法人とは，書いて字のごとく，法律上で作られた「人格」です。個人事業から会社を創って法人格を持つことを「法人化」といいます。会社が，この「人格」という「器」を有することで，さまざまな契約の主体となることができます。会社名義で銀行口座を開くこともできますし，事務所の賃貸借契約を結ぶこともできるのです。

　個人で仕事をするのであれば，いつでも自由に起業することができます。しかし，個人が出資できる金額には限度がありますから，その資金を使って展開できる仕事の内容や規模も限定されますし，信用力にも欠けることになるでしょう。このことから，顧客や取引先から信用を得て事業を発展させていこうと考えるのであれば，会社を設立するという選択肢をとることになります。

2．会社の種類

　一般に，事業活動をおこなう主体のことを「企業」といいます。大企業，中小企業など，日常的に使われ良く耳にする言葉です。この使い方でいけば，さらに，小規模企業，零細企業などと，どんどん小さくなっていって，最終的に

は一人で事業活動をおこなっていれば個人企業ということになります。

　一方「会社」は，たとえば会社法では，「営利を目的とした法人」と定義されます。会社は，**図表2-1**のように，責任の範囲，出資者の数，損益配分などの違いから，4つの種類があり，大きく「株式会社」と「持分会社」（合同会社，合名会社，合資会社）の2つに分けることができます[5]。

　法的な意味での会社の所有者を考えるとき，株式会社では「株券を持つ株主」が所有者になります。一方の持分会社では株主にあたる地位・権利を「持分」と呼んで，「持分を持つ者の会社」という意味で「持分会社」といわれています。株式会社の出資者（＝所有者）は必ずしも業務の運営にあたらなくてもいいのですが，3つの持分会社は出資者が自ら社員となって業務の運営にあたります。

図表2-1　会社の種類と特徴

種類		責任の範囲	出資者	損益配分	会社数
株式会社		出資者全員が有限責任	1名から	出資比率に応じて配分	約269万社
持分会社	合同会社	出資者全員が有限責任	1名から	自由に配分	約18万社
	合名会社	出資者全員が無限責任	1名から	自由に配分	約0.3万社
	合資会社	有限責任の出資者と無限責任の出資者に分かれる	2名から	自由に配分	約1.2万社

注：会社数は国税庁『会社標本調査（令和4年度分）』をもとに作成
出所：筆者作成

　出資者の責任の範囲は，有限責任と無限責任に分かれます。

　有限責任とは，出資者は会社におカネを出している範囲内で責任を取れば良く，それ以上の債務に対して責任を負う必要がないことをいいます。言い換えれば，出資したおカネの全額が返ってこない事態になるかもしれないけれど，それ以外の弁済などは問われないということです。

---

[5] 2006年の会社法施行によって有限会社は廃止されて，新しく設立できなくなりました。それまでに設立されていた有限会社は株式会社に移行することになりましたが，特例有限会社として存続している会社もあります。

一方の無限責任では，会社の債務に対して出資者は無限の責任を負います。個人で事業をおこなっている限り，事業で発生する債務に対して無限の責任を負う必要が生じるのです。それを回避するために新しく会社を創るという発想でいけば，折角会社を創っても合名会社や合資会社などのように無限責任であっては問題が残るでしょう。そう考えると，スタートアップが創るのにふさわしい会社は株式会社か合同会社になります[6]。以下では，この2つについて見ていくことにします。

3．株式会社とは

　株式会社は，事業展開で生じるさまざまなリスクを分散させる仕組みです。会社が成長していく過程で，より多くの資金を調達して大規模な事業展開をおこなっていくことを念頭に置いた会社のカタチであるといえます。株式会社の出資者である株主は，自分が出資したおカネを上限としてそれ以上の責任を負わなくてよい「有限責任」です。

　株式会社は所有と経営が分離していることが特徴です。つまり，株主（出資者，所有者）と実際に経営にあたる人とは別であるというものです。しかし，日本の企業の大半は中小企業であり，社長自身がその会社の株式をすべて所有していることも少なくありません。この場合は，所有＝経営となります。つまり，株式会社の特徴が所有≠経営であるにもかかわらず，日本の大半の株式会社は所有＝経営なのです。

　スタートアップの多くは，自分のおカネを元手に事業をスタートするでしょうし，株主である起業家が自ら経営をおこなっているでしょうから，事業開始当初は所有＝経営です。その後，成長していく過程で多くの資金が必要となってきます。自己資金で賄えない分はたとえば他人から出資してもらうことにな

---

[6] 法人格はない組合ですが，この他に「有限責任事業組合」（Limited Liability Partnership：LLP）があります。組合員は出資額を限度とする有限責任ですし，各組合員の貢献に応じて利益に配分を行うことができます。課税は組合にではなく，組合構成員に直接行われます。

るでしょう。そうした出資が多くなる過程で、徐々に、所有≠経営となっていくのです。スタートアップは、成長につれて所有と経営が分離していき、株式会社本来の姿になっていくのです。

4．合同会社とは

　個人事業のままでは信用が得られないし、責任も無限である。かといって、株式会社を設立するには手間とおカネがかかる。こういう小規模なスタートアップ向けの会社として、合同会社があります。

　合同会社（Limited Liability Company：LLC）は2006年の新会社法の施行によって誕生した新しい会社のカタチです。合同会社は、合名会社や合資会社と同じ「持分会社」です。持分会社では出資した人のことを社員といいますが、合同会社は有限責任社員のみで構成されるところが、他の持分会社と違う特徴です。

> **コラム　イギリスかオランダか**
>
> 　株式会社の起源は、東インド会社であるといわれています。香辛料の貿易を目的に、ヨーロッパとインドを船で往復しますが、海賊に襲われたり、海が荒れて難破したりと、航海には危険がいっぱいでした。この危険負担を軽減するために、資本家は全財産を1隻の船に投じることなく、少額を複数の船に出資します。仮にその中の1隻が被害にあっても、その他の船から利益を回収できるからです。
> 　ところでこの東インド会社には、1600年設立のイギリスの会社と、1602年設立のオランダの会社があるといわれています。
> 　イギリスの東インド会社は、1つの航海が終わるごとに、そこで得た利益とともに出資金も返還していました。つまり、航海ごとにすべてを清算するのですが、これだと次の航海で新たに出資者を募る作業をしなければならず、けっこう大変です（といっても当時のお金持ちには限りがありましたから、多くは同じメンバーだったようですが）。
> 　オランダの東インド会社では航海のたびに出資者に還元されるのは利益配当のみで、出資金はそのまま次の航海でも用いられます。つまり、資本金として永続

> 的に使うことができるのです。
> 　現在の株式会社制度のルーツという点では，オランダの東インド会社の方が近いものであるといえるでしょう。

　自分が出資した金額を上限として，それ以上の責任を負う必要がない点では株式会社と同じです。違う点は，株式会社の場合，「出資するだけで経営に関わらない人」がいる，つまり所有と経営が分かれているのが特徴ですが，合同会社を含む持分会社は「出資だけで経営に関わらない人」は原則認められていません。つまり，おカネを出した人が全員で事業をおこなっていくことになります。

　もう1つ違う点は，利益の配分です。株式会社は原則として出資額に応じた配当を受け取りますが，合同会社にはそのような決まりはなく自由に配分することができます[7]。つまり，出資した額にとらわれることなく，各人が持っている知識や技術，ノウハウを尊重して，みんなで平等に会社を運営していこうとの考えにもとづくものです。異なるバックグラウンドを有する人が集まってそれぞれの強みを生かしながら協力していくのが合同会社のあるべき姿だとすれば，たとえば企業と大学の共同研究成果を商品化するために産学連携で会社を創る場合などは，合同会社の設立が向いているといえるでしょう。

　取引先から信用を得るために，まずは会社の体裁を整えるために，個人事業からの脱皮を目指そうとする起業家にとってはメリットがある会社形態です。**図表2-2**のように，2006年に合同会社が誕生して以来，合同会社を設立する個人や法人は増え続けており，今後もますます増加するものと思われます。

　ところで，これまで述べてきたような合同会社の特徴からすれば，かなり小規模な会社ばかりをイメージされるのではないでしょうか。しかし，たとえば

[7) 会社が仕事をしていく上で，その目的や業務内容などのさまざまな決まりを定めたものを定款といいますが，この中で，たとえば「出資するだけで経営をしない人」の存在を認めたり，配当の方法をあらかじめ決めておくことも可能です。本文中で「原則」と書いているのは，そうした理由からです。

第2話　会社を創る

図表2-2　合同会社設立数の推移

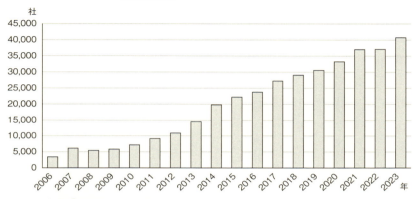

出所：法務省「登記統計 統計表（各年度）」から作成

図表2-3　主な合同会社

【新設された合同会社の例】

会社名	設立母体
IHG・ANAホテルズグループジャパン	インターコンチネンタルホテル，全日空
充電網整備推進機構	トヨタ自動車，中部電力，日本政策投資銀行など
マルチメディア放送企画LLC	フジテレビ，伊藤忠商事，NTTドコモなど

【組織変更した合同会社の例】

会社名	変更経緯
西友	2009年に米ウォルマートの子会社化に際し株式会社から変更
DMM	2018年に組織変更にともない株式会社から変更
Google	日本法人のグーグル株式会社が2016年に合同会社へ変更

出所：筆者作成

　資本金が1億円を超える合同会社，従業員が1,000人を超える合同会社などもめずらしくありません。
　図表2-3には，けっこう身近で，名前を聞いたことがあるのではと思われる合同会社の一例をあげています。これらは，もともと株式会社であったもの

37

が合同会社に変わったケースや，もともと存在していた複数の大規模な株式会社が一緒になって新しく合同会社を創ったケースなど，さまざまです。ただ，共通していることは，いずれも合同会社であることのメリットを享受しようとしていることです。

たとえば株主総会や取締役会を開催しなくても良いというメリットや，複数の会社が有するノウハウを出し合って平等に経営していく強みを発揮できるというメリットなどが挙げられるでしょう。

理由はどうであれ，合同会社の中にも大規模な会社があるという事実は，合同会社を設立しようと考えている起業家にとって力強いことかもしれません。

> **コラム** 「社長」と「代表取締役」はどう違う
>
> 株式会社は株主によって選任された取締役が事業運営を担います。この事業運営の過程でさまざまな契約締結の機会が生じますが，そこで会社を代表して契約をする人が選ばれることになります。取締役が集まる会議で選任された代表者を「代表取締役」といいます。会社を代表して物事にあたる権利，つまり代表権を有する取締役です。会社を代表する人は複数いても構いません。一方の「社長」は文字通り会社の長で，当然ながら一人しかいません。
>
> 社長が会社を代表する人となるのがごく一般的なパターンですから，代表取締役＝社長となって「代表取締役社長」の肩書きがつくことになります。それ以外のパターンとして多いのが，社長の座を次の世代に承継したものの自分も代表権は保持し続けたい「代表取締役会長」や，まだ若い息子に今のうちから代表者としての意識を持たせたい場合の「代表取締役専務」などがあります。

第 2 話　会社を創る

> **ここがポイント！**
> ☞ 会社を創って法人化することで，さまざまな契約の主体となることができるし，社会的な信用も高まる。
> ☞ 会社は，株式会社と持分会社（合同会社，合名会社，合資会社）に大別される。出資者の責任が有限である株式会社と合同会社がスタートアップに向いているといえる。
> ☞ 合同会社は近年設立数が増加しており，大規模な合同会社も多数存在している。

第3話　おカネの流れを管理する

　　船出君の会社は，資本金500万円の株式会社としてスタートしました。10年間お世話になった輸入雑貨店の社長は，自社の多角化の一環として資本金の全額を出資するといってくれました。企業内のさまざまな制度を利用して新規事業を立案し，認められれば会社からの出資を得て自らが社長となって運営できる。これを企業内起業家（intrapreneur，イントラプレナー）といい，積極的に活用している企業もあります。輸入雑貨店の社長はこの制度を利用して応援しようと言ってくれたのですが，船出君は丁重にお断りしました。自分の力でやってみたいし，背後にあの会社があるから成功したって陰口言われたくないというのがその理由です。

　　商品の仕入れ，店舗の賃料に内装費や什器備品，それに広告宣伝費など，少し余裕を見ても500万円ぐらいあれば大丈夫。10年間の勤務で貯めた貯金の一部を使って，必要資金の全額を用意できます。

　　では，どんなことに気をつけるべきでしょうか。大切なおカネだから無駄遣いしたくない。これって誰しも思う，当たり前のことです。だから，たとえば子供なら小遣い帳をつけるし，お母さんなら家計簿をつける。おカネの使い道に限らず，そのおカネをどのようにして手に入れたかについても。つまり，収入と支出を記録する。その上で，たとえば1ヶ月単位や3ヶ月単位で締めて集計し，無駄遣いをしなかったかをチェックする。会社でも，同じことが求められているわけです。とはいえ，理屈では分かっていても，その具体的方法となると少々不安で，教授を訪ねたのでした。

家計簿やお小遣い帳同様，会社だと1年間のおカネの流れ，経営活動の成果を記録，集計して，管理するわけですね。そして最終的にはその活動成果を財務諸表にまとめる。これがあるからこそPDCAサイクルが可能となる。

会社はいろいろな人や組織と関わりを持っているわけだけど，そうした人たちとの，特におカネについての関わりをひとつ漏らさず記録することが求められるのですが，その方法についても知っておく必要があります。

1．経営活動とおカネの流れ

　企業は経営活動をおこなっていく上で，さまざまな個人や組織と関わりを持ちます。たとえば従業員や顧客，商品の仕入先，さらには金融機関などです。彼らのことを利害関係者，あるいはステークホルダー（stakeholders）と言います。

　ステークホルダーのステークとは「賭け」のことです。つまり企業を取り巻くステークホルダーは企業に対して何かを賭けている（＝期待している）人々ということになります。逆に企業側からすれば，彼らの期待に応えて満足してもらうことで関係が長続きすることになります。

　では，企業が経営活動をおこなっていく上で，ステークホルダーとどのような関わりを持つのでしょうか。

　図表3-1は経営活動の過程で生じるステークホルダーとの関係を，おカネの流れに注目して示したものです。

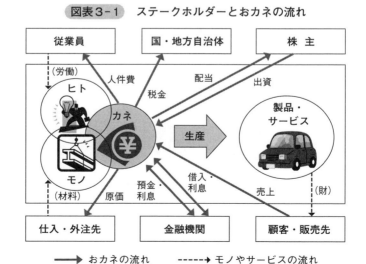

出所：筆者作成

第3話　おカネの流れを管理する

> **コラム**　**劣後のステークホルダー**
>
> 　「会社は株主のものである」とか「株主の利益を最大化するのが会社の使命である」と声高に言われると「そうかなぁ、従業員や取引先などのステークホルダーも大切にすべきじゃないの？」「株主だけでなく、それ以外のステークホルダーの利益も大切なんじゃないの？」という気持ちになってしまいます。
>
> 　前者は、「会社は誰のものか」ではなく「会社は誰のためのものか」という議論ならば、答えは従業員や取引先を含めた、すべてのステークホルダーのためのものとなるでしょう。しかし、出資者である株主が会社の所有者であることは、法律的にも間違いないことなのです。
>
> 　では後者の、「株主の利益の最大化」についてはどうでしょう。図表3-1で見たステークホルダーとおカネの流れを損益計算書（図表3-5）で確認してみましょう。一番上にあるのが売上高ですが、売上が計上できるのは顧客が喜んで（納得して）購入してくれているからだと言えます。その下の原価では、仕入先に代金を支払っているわけですから、仕入先に利益を提供していることになります。
>
> 　同様に、一般管理費に含まれる人件費は従業員に、金融費用は金融機関に、税金は国・地方自治体に、おカネを支払っています。そしてすべてのステークホルダーに支払った後の、残ったおカネから株主への配当金が支払われることになります。株主は、最後のおこぼれを頂戴する「劣後」のステークホルダーなのです。
>
> 　最後の人が満足していれば、それより前の人たちも満足しているはずです。そう考えると、株主の利益を最大化できている会社は、すべてのステークホルダーの利益を最大化できている会社であるとみなすことができるのです。

　企業は、ヒト・モノ・カネの経営資源を活用して事業展開をおこないます。そして、ヒトについては自社の従業員に労働の対価として賃金（人件費）を支払います。またモノ、つまり生産活動に必要な原材料を仕入れて仕入代金（原価）を支払います。これらのおカネは、株主から提供された出資金（資本金）で充当したり、必要に応じて金融機関から借り入れます。

　生産活動によって生み出された財（製品やサービス）は顧客に販売され、売上高というかたちで回収されます。売上高から原価、人件費や支払利息などを差し引いた残りが利益となりますが、そこから国や地方自治体に対して税金を

支払い，その残額が企業の最終的な利益（純利益）となります。この利益の一部を，資本を提供してくれている株主に配当金として支払います。

実際の経営活動では，それぞれのステークホルダーとの関係が，同時並行的に生じています。その各々の関係とおカネ（資本）の流れを俯瞰すれば，どの企業にも共通していることが見えてきます。

それは，資本を調達し，その資本を使い（運用し），生産活動を経て資本を回収して，利益を確定するという一連のサイクルを通しておカネが流れている，つまり循環しているということです。これを，資本循環といいます。

> **コラム　財務会計と管理会計**
>
> ステークホルダーに対する情報提供を目的とした会計を「財務会計」といい，企業内部の経営者や部門管理者に対する情報提供を目的とした会計を「管理会計」といいます。
>
> 財務会計では，異なるステークホルダーが有するさまざまなニーズ，利害に対応するために，一定のルール（法規，原則）に従った客観性の高い内容での報告が求められます。一方，管理会計は，経営者や部門管理者に対して，彼らが円滑に任務を遂行し，適正・的確な意思決定を行うために必要なデータを報告するものです。企業が継続的に発展するために必要なデータは，各企業が置かれた状況によって異なりますから，客観性の高さよりも，当該企業の独自性が求められる自発的な会計ということになります。
>
> 俗に，財務会計を（ステークホルダーに）「見せる」ための会計，管理会計を（企業内部の管理者が）「見る」ための会計ということもあります。

2．企業資本の二面性

さて，経営活動が活発化し，おカネの流れが複雑になるほど，その実態をシッカリと記録しておく必要性が高まります。ステークホルダーとの間で発生する資本循環のすべてを記録し，集計しなければなりません。そしてその集計結果を分析・評価して，企業の内外にいる然るべき人たちに報告することにな

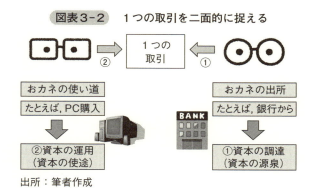

出所：筆者作成

ります。

　企業経営において，記録の対象となるすべての出来事を「取引」と呼んでいます。取引を記録するにあたっては，おカネの出入りを二面的に捉えます。つまり，ある取引が発生するたびに，企業資本を調達の側面と運用の側面の，2つの観点から各々の取引を捉えていくことになります。「二面的に捉える」とは**図表3-2**のようなイメージです。

　ここで向かって右側①の調達（源泉ともいいます）とは，資本をどこから，どのようにして手当てしたのか，手に入れたのかという観点から捉えるものであり，その出所，形態に関する情報を示しています。

　向かって左側②の運用（使途ともいいます）とは，調達された資本が具体的にどのような形で使われているのか，何に変化してどういう状態になっているのかという観点から捉えるものであり，その運用状態に関する情報を示しています。

　このように，1つの取引を2つの側面から捉えてそれぞれに記録する方式のことを複式簿記といいます。

　1つの取引を調達と運用という2つの観点から捉えることは，同じものを2つの異なった見方でみているにすぎないわけですから，取引が何度繰り返されても，つねに，

図表3-3　試算表とB/S，P/Lの関係

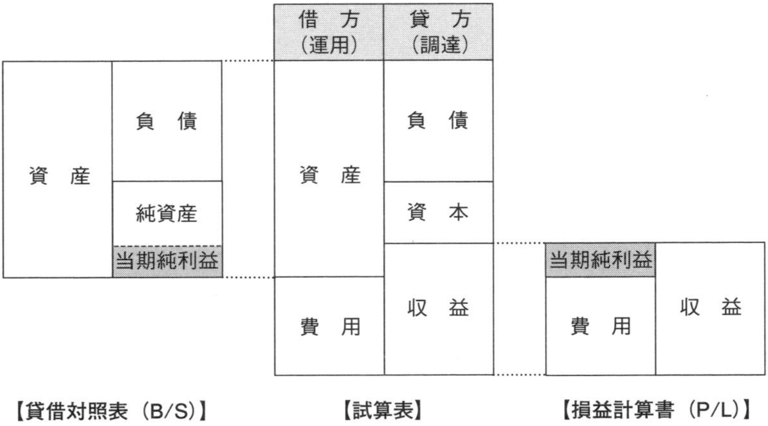

【貸借対照表（B/S）】　　【試算表】　　【損益計算書（P/L）】

出所：筆者作成

②の見方の総額　＝　①の見方の総額
資本の運用総額　＝　資本の調達総額

の関係が成り立つことになります。

　実際には，真ん中を境にして資本の調達と運用がヨコ書き，つまり左右対称に記録されますが，複式簿記では左側（運用側）を借方，右側（調達側）を貸方と呼んで区別しています。

　複式簿記の考えに則って，ある特定期間内に発生したすべての取引を一表にまとめたものを試算表といいます。試算表の一部が貸借対照表になり，残りの一部が損益計算書になります。これをイメージで表すと，**図表3-3**のようになります。

　以降，この貸借対照表と損益計算書について見ていくことにします。

3．ストックを表す貸借対照表

　貸借対照表（Balance Sheet：B/S）は，決算時点における企業の財政状態

図表3-4　貸借対照表

(百万円)

【資産の部】		【負債の部】	
流動資産		流動負債	
現金及び預金	3,300	支払手形及び買掛金	1,800
受取手形及び売掛金	3,360	短期借入金	4,100
棚卸資産	1,670	その他	1,300
その他	1,240	流動負債合計	7,200
貸倒引当金（△）	300	固定負債	
流動資産合計	9,270	社債	400
		長期借入金	2,600
		退職給付引当金	100
		その他	200
		固定負債合計	3,300
		負債合計	10,500
固定資産		【純資産の部】	
有形固定資産		株主資本	
建物及び構築物	3,700	資本金	2,400
機械装置及び運搬具	1,560	資本剰余金	2,700
土地	2,600	利益剰余金	10,400
その他	500	自己株式（△）	600
有形固定資産合計	8,360	株主資本合計	14,900
無形固定資産合計	1,300	評価・換算差額等	1,100
投資その他の資産合計	5,370	新株予約権	0
固定資産合計	15,030	純資産合計	13,800
資産合計	24,300	負債及び純資産合計	24,300

出所：筆者作成

を表すものです。バランス・シートの「バランス」には「残高」という意味がありますから，決算期末のある特定の1日における資産，負債及び資本の残高，つまり会社の財産の有高を示すものであり，ストック（stock）の状態を表しているといえます。貸借対照表は**図表3-4**のような形式で表示されます。

　貸借対照表は，図表3-4の左側（借方）に位置する資産と右側（貸方）に

位置する負債及び資本（＝純資産）とによって構成されています。資産の側には資本（おカネ）の運用についての情報が示されており，負債及び資本（純資産）の側には資本の調達に関わる情報が示されています。

すでに述べたように，借方と貸方，つまり資本の運用総額と資本の調達総額は一致しますから，資産，負債，資本（＝純資産）の3者は，

資産　＝　負債　＋　資本（＝純資産）

という関係が常に成立しており，資産の合計額と負債及び資本（＝純資産）の合計額は必ず一致することになります。

負債は，決算日より1年内に支払が必要な流動負債と，1年後に支払が必要になる固定負債に分類されます。

流動負債には，買入債務（支払手形，買掛金），短期借入金，未払金，前受金などがあります。一方の固定負債は，長期借入金，社債，引当金などによって構成されます。純資産は，企業の総資産のうち，出資者に帰属する株主資本を中心に構成されています。

従来は「純資産の部」ではなく「資本の部」あるいは「株主資本の部」と呼ばれていましたが，株主資本だけなく新株予約権なども含まれるようになったため，表記も「純資産の部」に改められました。ただ，その中でも株主資本が中心を占めており，純資産≒株主資本であることから，単に株主資本と表記される場合も多く見受けられます。本書でも「株主資本」を用いています。

資産は，流動資産，固定資産に分かれます。

流動資産は，決算日から1年内に現金化あるいは費用化される資産であり，現金・預金はもちろん，受取手形，売掛金，棚卸資産，短期保有の有価証券，貸付金などがあります。

固定資産は，企業が保有する資産の中で，決算日から1年以上の長期にわたって利用していく資産であり，有形固定資産，無形固定資産，投資その他の資産の3つに分かれます。

4．フローを示す損益計算書

損益計算書（Profit and Loss Statement：P/L）は，1会計期間における企業の経営成績を表すものであり，同期間における収益，費用，利益（または損失）の流れを示すものです。ある特定時点の状態を示す貸借対照表とは異なり，一定期間の資金の動きを集計してその累積額を表していますから，フロー（flow）計算であるといえます。

損益計算書は，図表3-3で試算表の一部が分かれて右に書かれているように，表の左側（借方）に位置する費用及び当期純利益と右側（貸方）に位置する収益とによって構成されています。ここで費用とは，資産を消費したり，その対価として支払った金額であり，収益とは企業が稼ぎ出した金額を表しています。

稼ぎ出した額と支払った額の差が儲けとなりますから，一定期間における収益の総額から費用の総額を差し引いたものが当期純利益（または当期純損失）となります。この3者の関係は，図表3-3の右側の図を等式に変えて，次のように表すこともできます。

$$費用 \ + \ 当期純利益 \ =収益$$

このように，損益計算書も貸借対照表の構造と同様に，表を左右に分けて，右側に貸方，左側に借方の勘定科目を列記することになります。

さて，ここまでは，損益計算書を借方と貸方に分けて左右対称に表記してきましたが，通常われわれが目にする損益計算書はこれを縦一列に並べたものとなっています。

図表3-5が一般的な損益計算書の形です。損益計算書にはたくさんの「利益」が記載されていますが，代表的な利益として5つを挙げることができます。

売上総利益（粗利益）とは，商品（製品やサービス）の収益力を示す利益です。営業利益は本来の営業活動での成果，つまり本業での儲けを示す利益です。

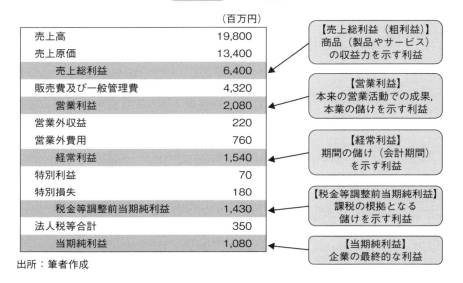

図表3-5　損益計算書

　経常利益は，会計期間（通常は1年間）の儲けを示す利益です。営業利益に金融活動の結果を反映した，企業の総合的な評価の指標となる利益と言えます。

　税金等調整前当期純利益は，課税の根拠となる儲けを示す利益です。そして，当期純利益は，税金を支払った後の，企業の最終的な儲けを示す利益です。当期純利益の中から株主に対する配当金が支払われますので，株主にとって重要な利益です。

　貸借対照表と損益計算書の他にもおカネの流れを管理するものとしてキャッシュフロー計算書があります。キャッシュフロー計算書については第5話で取り上げています。

> **ここがポイント！**
> ☞ 企業はステークホルダーの期待に応えることで彼らとの関係を長続きさせる必要がある。そのためには，彼らとの間で生じるおカネの流れを管理しておくことが求められる。
> ☞ 貸借対照表は決算時点における企業の財政状態を示すものであり，経営活動をおこなった結果の，ある時点でのおカネの残高が分かる。
> ☞ 損益計算書は一会計期間における売上高や費用・利益といったおカネの流れを示すものである。

第4話　成長に応じた資金を調達する

　船出君の会社は商品の仕入れに着手し，テナントとして入居する店舗の賃借料の払い込みも終えていました。内装や什器の調達など，やらねばならないことはまだまだたくさんありますが，夢であった初出店に向けて，忙しくも充実した日々を過ごしているようです。ただ，それにともなって出費もそれなりに嵩んできています。

　教授から教わった要領で帳簿をつけながら，おカネの流れはキチンと管理できているはずですが，資本金として拠出した500万円がどんどん減っていく。少し心配になってきているようです。

　ひと昔前に比べると，スタートアップの資金調達の機会は増えたように感じられますが，それでもかなり厳しい状況に変わりありません。新たに資金を調達することと同様かそれ以上に，なるべく出費を減らすことも，広い意味での資金調達だと考えないといけません。出ていくおカネを抑えることはスタートアップの，特に立ち上げ時期にとっては大切なことです。それでも必要なおカネが出てきたときに，その調達方法を考えなくてはなりません。

会社設立時は何かと物入りで。パソコンにデスク，あれもこれも。お金がどんどんなくなっていきます。ムダ遣いはしていないつもりなんですが。

おカネを使わなくて代替できる方法を考えるってことも，広い意味での資金調達かもね。出ていくお金を抑えることはスタートアップの，特に立ち上げ時期では大切なこと。それでもおカネが必要になったとき，具体的な調達方法を考えなければなりません。

自分の貯金を使ったあとの，それ以外で調達できるおカネってどんなものがあるのでしょう。また，調達にあたってどんなことに注意すべきなんでしょうか。

1．どのような資金を調達するか

スタートアップにとって悩みの種は，事業展開に必要な資金をどのように調達するかということではないでしょうか。

資金調達にはさまざまな種類があり，企業の目的や成長に合わせて，調達する資金の種類，方法も変わってきます。限られた資本調達環境の中で，最適な組み合わせをおこなっていくことが求められます。

図表4-1を見てください。左端に資金調達の主要な勘定科目（貸借対照表の右側（貸方）に記載されているものです）を書き，右側に資金調達形態を分類するときの主な基準を示しています。

図表4-1　さまざまな資金調達

勘定科目	資金調達形態の分類基準				
買　掛　金	他人資本	短期資本		外部金融	企業間信用
支払手形					
短期借入金					間接金融
長期借入金		長期資本			
社　　　債					直接金融
株　　　式					
株　　　式	株主資本				
留保利益				内部金融	自己金融
減価償却					

出所：筆者作成

企業の資金調達は，「資本の提供者」，「滞留期間」，「調達場所」，「調達経路」などといった見方の違いからいろいろな分類が可能となります。以降では，その主な分類と具体的内容について見ていくことにします。

(1) 株主資本と他人資本

資本を誰が提供しているのかという観点から、資本の提供者が出資者である株主資本と、出資者以外である他人資本に分類されます。

株主資本はすべて出資者に帰属する資本であり、企業側からすれば返済の必要がない資本です。一方、他人資本は貸借対照表の「負債の部」で示され、買掛金、支払手形、社債、借入金などによって構成されます。他人資本は資本の提供者に返済しなければならない資本であり、資本利用の対価として利子が支払われる有利子負債です。

株主資本での資金調達をエクイティ・ファイナンス（equity finance）、他人資本（負債）での資金調達をデット・ファイナンス（debt finance）といいます。

(2) 長期資本と短期資本

資本が企業内部でどれぐらい滞留しているのかという観点から、資本の滞留期間が1年以上の長期にわたる長期資本と、滞留期間が1年内の短期資本に分類されます。

返済の必要のない株主資本と1年内には返済を必要としない社債、長期借入金などの他人資本が長期資本であり、長期の他人資本は固定負債とも呼ばれます。

一方、1年内に返済を要する買掛金や短期借入金などの他人資本が短期資本であり、流動負債とも呼ばれます。

(3) 内部金融と外部金融

資金調達がどこでおこなわれているのかという観点から、企業の内部に調達源泉がある内部金融と、企業が外部から資金を調達する外部金融に分類されます。内部金融は、自己金融とも呼ばれ、留保利益や減価償却などの各種引当金から構成されます。一方、外部金融は社債や借入金、資本金からなります。

内部や外部といった「場所」は資本の発生源をしめす概念ですから、この意

味で，株主が拠出する資本も企業外部から発生する資本であると捉えて外部金融に含まれることになります。

(4) 直接金融と間接金融

　資本がどのような経路をたどって調達されるのかという観点から，資本市場を通じて投資家から直接に資本を調達する直接金融と，金融機関などを通じて間接的に資本を調達する間接金融とに分類されます。**図表4-2**は両者の違いを示しています。

図表4-2　おカネの出し手は誰を信用しているのか

預金者のおカネを銀行を介して間接的に資金を調達している。
預金者は「銀行を信用」しておカネを預けている。

投資家から直接的に資金を調達している。
投資家は「出資先企業を信用」しておカネを投資している。

出所：筆者作成

　金融機関が企業に貸し出すおカネは預金者の預金を原資とすることから，企業は本来の資本提供者である預金者から金融機関を経由して「間接的」に資本を調達していることになります。間接金融と呼ばれるのはこのためです。借入金や手形割引などによる調達が間接金融となります。

　一方，社債や株式による調達は，資金の提供者が株式や社債などの有価証券の発行企業を直接信用していることから直接金融と呼ばれます。

第4話　成長に応じた資金を調達する

以上の分類により，たとえば社債による資金調達は「他人」の「長期」資金であり，「外部」からの「直接」金融であることが分かります。

2．資金調達の実態

ここまで見てきたように，企業はさまざまなところからさまざまな方法で資金を調達できることが分かりました。それでは，具体的にどこからどんなおカネをどれぐらいの割合で調達しているのでしょうか。**図表4-3**は資本金別（≒企業規模別）の資金調達比率です。

資本金が10百万円未満の企業の特徴として，必要資金の多くを，返済を要する長期借入金で調達していることが分かります。この比率は，資本金が大きくなるにつれて減少していき，それに代わって返済の必要がない自己資本（純資産，株主資本）での調達割合が増加していることが分かります。資本金の少ない企業（≒小規模企業）ほど借入金に頼らざるを得ない実態が見て取れます。

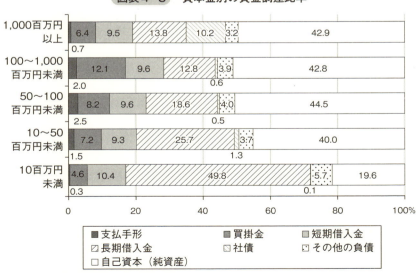

図表4-3　資本金別の資金調達比率

出所：「法人企業統計年報特集」（令和4年度）をもとに作成

こうして見てみると，エクイティでの資金調達，つまり資金提供者にとってのリスクマネーをいかに調達するかが資本金の少ない企業（≒小規模企業）にとっての課題であると言えるでしょう。

図表4-4　スタートアップの資金調達の推移

出所：INITIAL「Japan Startup Finance 2023」

次に，スタートアップに焦点を絞り，資金調達の実態を見てみます。総額ベースの資金調達額と資金調達した企業数の推移を**図表4-4**に示しています。これによると，資金調達額と調達社数とも概ね増加傾向にあります。1社当たりの資金調達額は，2013年の0.65億円から2023年の2.66億円となっており，増加していることが分かります。

3．成長ステージ別で考える

企業の資本調達は，その企業の成長段階に応じて調達先や形態も変化することになります。ここでは，スタートアップの成長ステージを「萌芽期」，「事業

開始期」,「成長期」,「安定期」の4段階に分けて,それぞれにおける資金需要と資金調達の内容について見ていくことにします。要約を**図表4-5**に記しています。

図表4-5　成長ステージ別の資金調達

	萌芽期	事業開始期	成長期	安定期
売上高	0→僅少	増加	急拡大	安定
営業利益	ー	ー	＋	＋
キャッシュフロー	ー	ー	ー→＋	＋
資金調達	創業者の自己資金が中心	運転資本が必要。徐々に外部資金も調達可能に。	金融機関からの借入やベンチャーキャピタルなどからの資金も得られるようになる。	次の成長に向けた新たな資金調達が必要となる。

出所：筆者作成

(1) 萌芽期

　まだ芽が出ていない種子（seed, シード）の段階から，発芽（事業化）するまでの初期の段階であり，そのための資金を必要とする時期です。

　具体的には，会社設立に至るまでの諸費用や人件費をはじめとする運転資金，研究・開発のための資金や試作品製造，テスト・マーケティングなどで必要となる資金です。

　この時期の企業は資金提供者にとってハイリスクとなりますから，他人資本による資本調達の割合は低く，創業者の自己資金を中心とした株主資本中心の資金調達となります。また，自治体や各種団体から助成金・補助金を得て開業資金に充当する場合もあります。

(2) 事業開始期

　会社を設立して商品（製品やサービス）の提供を開始する時期です。
　売上は徐々に増加してきますが，初期投資や諸経費を回収できる段階ではな

く，損益分岐点売上高[8]まで達していないので営業利益はマイナスのままです。商品の認知度を高めたり，販売拡大に注力するなどといったさまざまなマーケティング活動が求められ，このための運転資本[9]が必要となります。資金提供者にとっては，萌芽期と同様に，ハイリスクであることは変わりありませんから，やはり，身近な人たちからの資本調達が中心となります。しかし，取り扱う商品が顕在化していることから，当該商品に対する将来性を評価することも可能となり，ビジネスエンジェルと呼ばれる個人投資家やハンズオン型（コラム参照）のベンチャーキャピタルといった，身内以外のリスクマネーを調達する枠が広がってきます。

(3) 成長期

　製品やサービスが市場で認知されることにより，売上高が急拡大するステージです。損益分岐点売上高を超え，単年度黒字となるのもこの段階です。

　しかし，企業間信用にもとづく商取引の下では，売上債権の回収が買入債務の支払に追いつかず，資金的余裕はありません[10]。

　加えて，事業開始期同様に，マーケティング活動にともなう諸費用がかさみますから，キャッシュフローはマイナスが続きます[11]。成長期の終盤になるとキャッシュフローにも余裕が生まれてきます。

　業容拡大につれて，資金需要も旺盛になりますから，資金調達の方法も株主資本だけでなく，他人資本も視野に入れることになります。

　この段階になると，経営実績が顕在化していますから，財務諸表をベースに政府系金融機関や民間金融機関からの融資も受けやすくなってきます。さらに，引き続き，ベンチャーキャピタルなどからのリスクマネーの調達も可能となります。しかし，過度な株主資本での調達は創業者の持株比率を低下させますし，

---

8) 損益分岐点売上高は第8話で取り上げています。
9) 運転資本は第6話で取り上げています。
10) 詳しくは第6話を参照してください。
11) キャッシュフローは第5話で取り上げています。

一方で過度な他人資本での調達は金利負担の増大を招き，資金繰りの悪化にもつながります。資金の行き詰まりは，倒産の可能性を高めることにもなるのです。したがって，この時期では，将来の発展のあり方を見据えた上での長期計画の立案が不可欠となります。

(4) 安定期

売上が安定的に推移し，既存事業に対する追加的投資も一段落するこのステージでは，これまでの累積損失も一掃され，留保利益が蓄積されて株主資本にも厚みが増してきます。営業活動によるキャッシュフローやフリーキャッシュフローもプラスに転じます。しかし，安定的に市場から受け入れられるということは当該事業が魅力的であるということに他なりませんから，競合他社の参入が増加する可能性があります。加えて，さらなる発展のための新商品（新製品や新サービスの開発）への投資も必要となります。

この時期になると企業の信用力も増し，民間金融機関からの短期，長期の借入金による調達の幅がさらに広がってきます。加えて，安定的な経営基盤を背景に，さらなる発展を模索するための資金として，株式の公開を通して幅広い投資家から株主資本調達をおこなうことになります。

これまでの説明はあくまで1つの事例ですが，成長段階に応じた資金調達の特徴を見てきました。ここで注意すべきは，萌芽期から事業開始期，成長期，安定期と次期のステージに移行しても，それは資金調達の内容が100％変化するのではなく，過去のステージでの資金調達方法に新たに別の選択肢が付け加えられていくということです。

つまり，成長につれて資金調達は多様化，複雑化することになり，このことを十分に念頭に置いた資金調達の検討が求められることになるのです。

4．リスクマネーを手に入れる

資金を調達する企業にとって，エクイティでの調達は返済を要しないという点で魅力的ではありますが，これまで見てきたように，特に小規模企業におい

て，調達が困難な実態がありました。

資金の提供者からすれば投資あるいは出資はリスクをともないます。ここでは，リスクマネーを提供している中小企業投資育成株式会社（Small Business Investment Company, SBIC）に焦点をあて，ベンチャーキャピタルと比較する形で見ていきたいと思います。

中小企業投資育成株式会社は東京，名古屋，大阪の3拠点でわが国すべての都道府県をカバーしています。それぞれ，中小企業投資育成株式会社法にもとづいて設立された国の政策実施機関で，自己資本（株主資本）の充実，経営安定化，企業成長を支援しています。**図表4-6**には，投資育成株式会社の特徴をベンチャーキャピタルと比較する形で示しています。

同じようにリスクマネーを提供していても，両者はかなり異なっていることが分かります。資金調達をする企業としては自社の現状や今後の方針と照らし合わせた上で最もふさわしい調達先から資金を得ることが重要となります。

図表4-6　投資育成株式会社とベンチャーキャピタル

比較項目	中小企業投資育成株式会社	ベンチャーキャピタル
投資対象	安定成長型の中堅・中小企業が中心	急成長・上場志向型のベンチャー企業が中心
投資資金	自己資金で投資	機関投資家等からの調達資金をもとにファンドで出資
保有方針	安定株主として長期保有	ファンド期限（3～5年程度）に応じて保有
経営への関与	経営への自主性を尊重	議決権比率により異なる
出口戦略	株式上場は義務付けない	株式公開又はM&A（実現できない場合買戻し条項あり）
期待する収入	安定的な配当	株式公開やM&A等のキャピタルゲイン
株価算定方式	投資育成会社独自の株価算式	DCF法等の収益還元方式，売買実例，純資産株価など
利用ニーズ	株主構成の是正，安定株主の確保，経営承継の円滑化，資金調達，財務体質の強化など	資金調達，財務体質の強化，株式上場支援，人材紹介など

出所：東京中小企業投資育成株式会社のホームページより転載

> **コラム**　ハンズオン
>
> 　ベンチャーキャピタルはスタートアップの株式に投資することで資金提供をおこないますが，場合によっては投資先のスタートアップに役員を派遣して，直接経営に関わることがあります。
> 　こうした投資の方法は，投資先企業に「手を掛ける」ということからハンズオン（hands on）型投資と呼ばれます。ハンズオン型の投資は，創業後間もなく，未だ経営基盤が確立されていないスタートアップに対してなされることが多くなっています。
> 　ベンチャーキャピタルの担当者は，月1～数回行われる投資先企業の取締役会に出席して，業績のチェックや経営のアドバイスをおこない，顧客の紹介や組織体制の強化，資本調達などについて協力や支援をします。
> 　わが国においては，投資先企業に役員を派遣することは独禁法のガイドラインによって禁じられてきましたが，1994年にガイドラインが緩和されたことにより，ハンズオン型投資が可能となっています。
> 　しかし，「経営に関与して失敗した場合の責任を取りたくない」「経営や技術を支援・指導できる人材がいない」などといったベンチャーキャピタル側の事情や，「資金提供はありがたいが経営方針にまで口を出してほしくない」というスタートアップ側の考えなどが，ハンズオン型投資を難しくしているようです。

5．多様化する資金調達手段

　スタートアップの資金調達手段は多様化しています。従来の「借入れか増資か」といった二者択一の選択肢ではなく，社債や借入れに新株予約権を組み合わせたベンチャーデットなど，成長ステージや資金需要のパターンに応じて資金調達手段を使い分けるスタートアップが増加しています。その背景として，これまでは売上高成長率が高いスタートアップに対して増資を引き受ける資金提供者が多く存在していましたが，株式市場の環境が変化するにともなって，エクイティ（株式）調達が容易ではなくなってきたことが挙げられます。以下では，具体的にベンチャーデットを例にとり，詳しく見ていくことにします。

　ベンチャーデット（venture debt）とは，エクイティ（資本）とデット（負

債)の双方の性質を備えた金融商品の総称で,欧米で広く認知されているファイナンス手法です。ベンチャーキャピタルなどがおこなう投資と金融機関がおこなう融資の中間的位置づけであり,両者の間を埋める役割を担っています。

具体的には,金融機関がスタートアップに対して無担保・低金利の融資をおこない,一方でスタートアップは金融機関に対して新株予約権を無償で発行・付与して金融機関側のリスクを補完する仕組みになっています。

ベンチャーデットは,土地や設備,有価証券などといった,融資時の担保となる資産を持たないスタートアップにとって有効な資金調達手段であり,起業家の保有株式の希薄化を防ぎながら資金を調達したいというニーズにも対応するものとなっています。

スタートアップは,多様化する複数の資金調達手段をうまく組わせて資金を調達することが求められます。この観点からも,ファイナンスの巧拙が成長のカギを握っていると言えるでしょう。

ここがポイント!

☞ 資金はいろいろな分類が可能で,それぞれの特徴を知った上で,自社の状況と照らし合わせて調達することが大切である。

☞ 資金需要が旺盛なスタートアップでは,無駄なおカネを使わないことも,広い意味での資金調達と考えるべきであろう。

☞ スタートアップの成長ステージによって,調達する資金の種類や額,調達方法などが異なる。複数の選択肢を有しておくことが望ましい。

第5話　利益と現金を区別する

　船出君の会社は設立から1年が経ち，順調に売上を伸ばしていました。
　主力の高級ジーンズはファッション誌などで紹介され認知度も上がってきています。念願の2店舗目に向けて，しっかりとおカネを蓄えておかなくてはなりません。しかし，なぜだかいつもおカネが足りなくて，資金手当てに奔走する毎日。これじゃ，いつまで経っても2店舗目の資金なんて貯まりそうにない。事業ってなんでこんなに思い通りにいかないのかなと思いつつ，久しぶりに教授を訪ね，疑問に感じていることについて聞いてみることにしました。
　船出君は月次の損益管理表で売上と経費，利益を毎月管理しているものの，そこに記載された利益の額と手元にある現金の額が一致しません。現金，つまりおカネの手当てに奔走する社長さんをテレビドラマなどで見かけるものの，あれはモノが売れなくて利益が出ていない会社のケースのはず。自分の会社は売上も順調で利益も計上している。ドラマのケースと自社は違うのにおカネが足りないところだけが一緒なんて，いったいどうしてなんだろう。自分のマネジメントに何か問題があるのではと不安になりはじめていました。

「勘定合って銭足らず」って聞いたことある？
船出君の会社みたいに，利益が出ていても（勘定が合っていても）現金が不足する（銭が足らない）こともあるってこと。

どこかのセミナーで聞いたことがあるような気がします。利益管理も大切だけれど，現金の管理も重要だってことですよね。言ってることは分かるんですが，なぜそうなるのか，今まで気にしたことがなかったですから。

会社はね，利益がないから倒産するんではなくて，現金が足りなくなったときに倒産する。だから，倒産しないでいつまでも会社を続けるためには，現金のマネジメントが不可欠なんですよ。

1．現金主義と発生主義

　第3話で見た損益計算書における損益計算をキチンとおこなうためには，売上高は売上代金の入金時に計上し，費用についても代金の支払時に計上すれば良いことになります。このように，現金の収入と支出があった時点で売上高と費用を計上する計算方式を現金主義といいます。

　しかし，商品や材料などの売買は掛けでおこなう企業間信用が多用されることから，現金主義の損益計算は，合理的ではあっても，実際の企業経営で採用されることは多くありません。

　財務諸表作成のための損益計算では，売上高や費用は，その入金や支払の有無に関係なく，その期間で発生した取引の額を計上します。第3話で見たとおりです。この計算方式を発生主義といいますが，発生主義の下では，期間で発生した売上高と費用の差額である期間の利益額は，必ずしも現金資金，つまりキャッシュの残高と一致しないのです。

　そのため，損益計算では，収益性が確保できていても（勘定が合っていても），費用の支払に支障が生じたり資金不足をもたらす（銭が足らない）ことが起こり得ます。いわゆる「勘定合って銭足らず」の状態です。損益計算書の上では黒字であっても倒産する（収益性が高くても安全性に問題がある）といったことが起こるのはそのためです。

図表5-1　発生主義と現金主義

発生主義（損益計算）		現金主義（資金計算）	
売上高	1,000円	販売にともなう現金収入	0円
売上原価	600円	仕入にともなう現金支出	0円
諸経費	300円	諸経費の現金支出	300円
利益	100円	現金の過不足	－300円

出所：筆者作成

このことについて**図表5-1**をもとに見ていきましょう。

今，仕入高600円の商品を1,000円で販売したとします。販売にともなう費用の合計が300円であったとすると，利益は100円となります。

ここで，仕入先や販売先との間で企業間信用での取引がおこなわれていたとします。つまり，商品の仕入れを掛け（買掛金）でおこなっているので現金支出はゼロですが，販売も掛け（売掛金）でおこなっているために現金収入もゼロとなります。人件費などの諸経費は現金で支払いますから，実際には300円の現金が不足していることになります。

このように，損益計算と資金計算・資金繰りにズレが生じるのは，損益計算が発生主義を採用しているからです。それゆえ，損益計算書で示される利益の管理だけではなく，現金（キャッシュ）の管理をおこなう必要があるのです。

2．キャッシュフロー計算の意義

一定期間における現金の流れ（フロー）を示すのが，キャッシュフローです。現金主義にもとづいて，期間の現金流入額（キャッシュインフロー）と現金流出額（キャッシュアウトフロー）とを対比させ，現金の残高を示すところにキャッシュフロー計算をおこなって資金を管理する意義があります。

資金繰りに問題はないかを常にチェックし，突発的に発生する資金不足を事前に回避するための資金の管理をおこないます。そのために用いられるのがキャッシュフロー計算書です。

キャッシュフロー計算書は，おカネの流れを事業活動別に把握するものです。具体的には，どの活動がどれだけの資金を生み出したのか（あるいは必要としたのか）という点だけでなく，どの活動からどの活動に対してどれだけの資金が流れたのかをということを明らかにして，資金残高を表示するのです。

つまり，キャッシュフロー計算書は，現金の残高をもって支払能力や債務返済能力に関する情報を提供するだけでなく，経営活動における資金の流れとその妥当性を判断するための情報を提供してくれるものであるということができます。

3．キャッシュフロー計算書の構造

キャッシュフロー計算書[12]は，企業がおこなう事業活動別に，3つの部分に分かれています。具体的には**図表5-2**のように「営業活動からのキャッシュフロー」，「投資活動からのキャッシュフロー」，「財務活動からのキャッシュフロー」の3つです。このように3部構成となっているのは，企業の主た

図表5-2 キャッシュフロー計算書の例

（単位：千円）

Ⅰ．	営業活動からのキャッシュフロー		
	税引前当期純利益	52,000	①
	減価償却費	18,400	②
	売上債権の増加額	16,000	③
	棚卸資産の増加額	14,400	④
	仕入債務の増加額	68,000	⑤
	法人税等	16,000	⑥
	合　計	92,000	⑦＝①+②-③-④+⑤-⑥
Ⅱ．	投資活動からのキャッシュフロー		
	固定資産増加額	13,600	⑧
	有価証券増加額	6,800	⑨
	合　計	-20,400	⑩＝-⑧-⑨
Ⅲ．	財務活動からのキャッシュフロー		
	長期借入金増加額	9,600	⑪
	短期借入金増加額	7,200	⑫
	配当金支払	6,400	⑬
	合　計	10,400	⑭＝⑪+⑫-⑬
Ⅳ．	現金及び現金同等物の増加額	82,000	⑮＝⑦+⑩+⑭
Ⅴ．	現金及び現金同等物の期首残高	64,000	⑯
Ⅵ．	現金及び現金同等物の期末残高	146,000	⑰＝⑮+⑯

出所：筆者作成

---

[12] キャッシュフロー計算書は直接法と間接法の2種類があります。本書では，多くの企業で採用されている間接法のキャッシュフロー計算書を取り上げています。

る営業活動を通して得られるキャッシュフローとそれ以外の活動を通して得られるキャッシュフローとを分けて実態を把握することを可能とするためです。以降では，3つの部分について見ていくことにします。

(1) 営業活動からのキャッシュフロー

営業活動からのキャッシュフローは，企業の主たる営業活動を通して発生したおカネの流れを表しています。

最上段に記載されている税引前当期純利益は売上高から総費用を引いたものですが，発生主義の下では現金流入をともなわない売上や，現金流出をともなわない費用が存在しています。こうした非現金項目を税引前当期純利益に加えたり減じたりすることによって調整して，実際の現金の流れを表しているのです。

図表5-2の②で示した減価償却費は損益計算書上は費用として計上されますが，実際には現金流出をともなっていないので税引後当期純利益に加えます。また，たとえば③の売上債権が増加したのは未回収の，現金化されていない売上が増加していることですから，この増加額を減じて実際のキャッシュの流れに近づけようとしているのです。

このように，間接法によるキャッシュフロー計算書では，すでに作成されている貸借対照表や損益計算書をもとにして，非現金項目を調整して営業活動からのキャッシュフローを求めます。

営業活動からのキャッシュフローは企業がおこなう本来の業務から得られるものですから，これがマイナスであれば事業の継続に大きな支障を来たすことになります。

(2) 投資活動からのキャッシュフロー

投資活動からのキャッシュフローは，固定資産の設備投資など，企業の投資活動を通して発生したおカネの流れを表しています。

投資活動としては，現在の事業を維持・継続していくために必要な投資，新

しい事業をおこなうために必要な投資，有価証券や貸付金などといった投資があります。

貸借対照表上に記載されている有形固定資産，有価証券，貸付金などを取得した場合はおカネが出ていくことになるので，キャッシュフローはマイナスになります。逆に資産を売却すれば会社におカネが入ってくるので，プラスになります。

(3) **財務活動からのキャッシュフロー**

財務活動からのキャッシュフローは，企業の財務活動を通して発生したおカネの流れを表しています。

短期借入金や長期借入金による現金収入やその返済にともなう支出，社債発行による収入や償還にともなう支出，増資による収入や配当金支払による支出といった，財務活動によって発生する収入や支出が記載されます。

4．フリーキャッシュフローとは

フリーキャッシュフロー（Free Cash Flow，FCF）とは，**図表5-3**のように，企業の主たる営業活動によって得られる営業キャッシュフローから現在の事業を維持・継続させていくために必要な投資活動によるキャッシュフローを差し引いた残高のことをいいます。

図表5-3 フリーキャッシュフロー

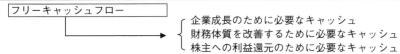

出所：筆者作成

企業はこの残高の中から，債権者や株主などの資金提供者に対する返済や配

第5話　利益と現金を区別する

> **コラム**　キャッシュフローとポートフォリオ経営
>
> 　キャッシュフローの管理は，全社的な観点からは，稼ぎ出したキャッシュをいかに使うかの意思決定問題です。たとえば複数の事業を展開しているような企業では，事業部門ごとのキャッシュフロー管理をおこなって，キャッシュを生み出している事業から成長過程にあってキャッシュを必要としている事業へと投資することで，当該事業の成長を促進させることができます。
>
> 　ボストン・コンサルティング・グループが開発した製品ポートフォリオ・マネジメント（Product Portfolio Management, PPM）は，企業が持つ製品や事業群を，縦軸の市場成長率と横軸の相対的マーケットシェアを基準に分けられた4つのセルに落とし込んで，望ましい事業内容の構築に向けて経営資源を重点配分しようとする経営戦略上のツールです。
>
> 　ここでいう経営資源の配分とは，人的資源や物的資源も含まれますが，キャッシュフローという金融資源をどこに配分（投資）するのかということが最も重要な課題であり，この意思決定において用いられる考え方がPPMであるといえます。
>
>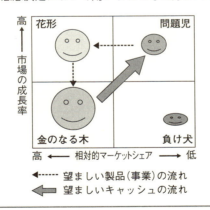

当をおこないます。また，成長に向けて新規事業に投資したり，企業買収のために有価証券を購入したり，または借入金を返済したりします。つまり，この残高分は，企業の意思によって自由（free）に使えるおカネであることから，フリーキャッシュフローと呼ばれるのです。

　フリーキャッシュフローは企業を現状より高いレベルに引き上げるために，

つまり改善を目的として使われるべきものですから，これが潤沢でなければ企業は永続的に発展できなくなります．

逆に，フリーキャッシュフローが潤沢であっても，それを将来のために投資することなく貯め込んでいたのでは宝の持ち腐れとなって成長を阻害することになりかねません．経営活動をおこなう上で，このフリーキャッシュフローに注目することは非常に重要なことだといえるでしょう．

5．キャッシュフロー計算書の読み方

キャッシュフローをうまく管理するためには，基本的にはフリーキャッシュフローから然るべき投資活動をおこない，残りで財務キャッシュフローの調整をすることになります．ただし，現実には，営業キャッシュフロー，投資キャッシュフロー，財務キャッシュフローのプラス・マイナスはさまざまであり，それは企業が置かれた立場にも大きく関係してきます．

例として**図表5-4**のようなパターンを考えてみました．

3つのキャッシュフローがプラスかマイナスか，またはゼロか，いくつもの組み合わせが考えられます．

以降では起こりうる頻度の高い主要なパターンを複数個あげて，それぞれのパターンではどのように特徴づけることができるのか，どう評価すべきかについて見ていくことにします．

タイプⅠ 営業キャッシュフローの範囲内で，それと同額に近い投資をおこなっており，なおかつ借入金がない（あるいは新規借入額と返済額が同額）というタイプです．フリーキャッシュフローを有効に使い，バランスの取れたタイプといえますが，他人資本の調達力の有無についてチェックしてみる必要があります．

タイプⅡ 営業キャッシュフローの範囲内で投資をおこない，借入金を返済することで財務キャッシュフローがマイナスとなっているタイプです．健全なタイプといえますが，フリーキャッシュフローを使って将来に向けた投資がなされていないとすれば，保守的であると見ること

第5話　利益と現金を区別する

図表5-4 キャッシュフローのパターンと特徴

	タイプⅠ	タイプⅡ	タイプⅢ	タイプⅣ	タイプⅤ	タイプⅥ	タイプⅦ
営業キャッシュフロー	＋	＋	＋	＋	－	－	－
投資キャッシュフロー	－	－	－	＋	＋	－	＋
財務キャッシュフロー	0	－	＋	－	＋	＋	－

出所：筆者作成

もできます。

タイプⅢ　営業キャッシュフローを超える投資をおこなっているために，将来に必要な資金を借入金でまかなっているタイプです。キャッシュフローの増加額がマイナスとなるので資金的な余裕は乏しいですが，積極的展開をおこなっていると見ることもできます。

タイプⅣ　営業キャッシュフローはプラスながらも過少で，資産の売却等によって借入金の返済などをおこなっているタイプです。キャッシュフローの増加額は多少なりともプラスになりますが，資産規模が徐々に縮小している場合は注意が必要です。

タイプⅤ　営業キャッシュフローがマイナスで，その収支を資産の売却や借入金によってまかなっているタイプです。売却可能な保有資産が潤沢であればキャッシュフローの増加額はプラスになるときもありますが，基本的には自転車操業であり，倒産予備軍のタイプといえます。

タイプⅥ　営業キャッシュフローがマイナスですが，積極的に投資をおこない，その資金を借入によってまかなっているタイプです。社歴の浅い急成長企業に見られるタイプですが，早急に営業キャッシュフローの改善に着手しなければ，タイプⅤと同様，倒産予備軍となるおそれがあります。

タイプⅦ　借入金を返済することで財務キャッシュフローはマイナスになっていますが，その原資を資産の売却でしかまかなえていないタイプです。営業キャッシュフローがマイナスですから資金に余裕がないのに借入金の返済をおこなっているのは金融機関からの強い要請かも

しれません。金融機関が手を引きはじめている注意信号とみることができます。

このように，キャッシュフロー計算書を評価するにあたっては，どれだけキャッシュフローを生み出しているかということも大切ですが，それをどのように使っているかという観点からの評価も重要となります。

キャッシュフローの額が多いことに越したことはありませんが，別の見方をすれば，大切なキャッシュが将来にわたる継続的な成長のための投資に有効活用されていないかもしれないからです。

ここがポイント！

☞貸借対照表や損益計算書で表示されている「利益」の額は「現金」の額と必ずしも一致しない。

☞損益計算は発生主義にもとづき，資金計算（資金繰り）は現金主義にもとづいている。

☞キャッシュフロー計算書によって，おカネの流れと増減を管理することが大切である。

第6話　仕事とおカネは反比例？

　船出君は，教授から聞いた「会計上の利益」と「現金」の違いについて，実際に日々の売上と利益，現金残高をチェックしていくことで，かなり分かりはじめていました。会計上の利益と現金を一致させるには，売掛や買掛などの「掛け」の商売をしないこと。しかし，今さらクレジットカード会社との契約を止めて現金商売に移行するつもりはありませんし，営業戦略上もあり得ないことです。だとしたら，現状の環境下で，可能な限り望ましい資金管理をおこなっていく必要があるのではないか，そのための方法がきっとあるはずだと思いはじめていました。

　そんな中，キャッシュフロー計算書については理解できつつあるものの，もう少し細かいマネジメントの必要性を痛感したこともあって教授のもとを訪れたのでした。

　売れば売るほど，成長すればするほど，掛け売りで未回収のキャッシュが増える。これを売上債権といいますが，売上代金が未回収で現金化されていないから，仕入代金の支払に回せない。だからキャッシュが足らなくなる。そろそろ追加の運転資本調達を必要とする時期が来たようです。

> 商品が売れて企業が成長するにつれて掛け売りで未回収のキャッシュが増える。これを売上債権といいますが，未回収で現金化されていないからキャッシュが足らなくなる。

> 売れば売るほどキャッシュが不足していくなんて。売上が伸びて儲かっているのに，どうして追加のおカネが要るのか，納得いかないです。

> 運転資本といって，仕事（＝運転）をすればするほど必要となるお金があります。この運転資本が足らなくなると会社が回らなくなる，つまり運転できなくなりますから，大変なことになりますよ。

1．成長を管理する

　企業が売上を伸ばしていく過程において「成長の管理」が重要となります。この課題に適切に対応できない企業は市場からの退出を余儀なくされることになります。

　では，成長を管理するとは，どういうことなのでしょうか。言うまでもないことですが，成長を管理することと成長を志向することは違います。成長を志向していないスタートアップは存在しないでしょう。しかし，成長を管理できていないスタートアップは意外と多いのです。

　管理とは，実際の成長に応じた企業の状態を望ましい姿，あるべき姿に創り上げていくことです。そのために求められるのが，成長のために必要な資金の調達をはじめとするファイナンスのマネジメントなのです。もちろん，成長に見合うだけの組織を構築することも重要であり，人材マネジメントも不可欠ですが，これらが実践できる背景には潤沢な資金が必要となるからなのです。

　ではなぜ，起業家は成長を管理できないのでしょうか？

　否，できないのではなく，したがらないと表現した方が適切かもしれません。

コラム　どなた様も現金にて…

　船出君のお店のように，クレジットカードでの支払を受け付けることは販売促進につながるでしょう。しかし一方で，貸し倒れや資金不足を招くことになるかもしれません。

　クレジットとは「信用」のことですから，売上債権を管理することは取引先の信用調査，信用供与（与信）期間や金利の決定，与信限度枠の設定，回収方法の選択などの基準をどのラインに定めるかという信用供与政策の意思決定問題であるといえます。

　売上債権の最適化，すなわち最適な信用供与政策は，そこから得られる便益と発生する費用とのトレードオフの関係から考察していかなければなりません。「どなた様も現金にてお願いします」との貼り紙がある居酒屋さんは，お客を信

> 用していないのではなく、ギリギリの資金繰りでやりくりしているために掛売り
> できない状況にあると考えた方が妥当かもしれません。

　製品開発やコンセプト構築など、自ら得意とする仕事を通じて事業機会を現実のものとしてきた起業家にとって、常にこれらの仕事に没頭することが自らの使命であり、精神的にも安らげる状態を作り出せるのです。
　できるか、できないかの「能力」の問題ではなく、創造的（クリエイティブ）な仕事か、保守的（コンサバティブ）な仕事かの「比較」の問題と言っても良いでしょう。しかし、地味な仕事だからといって疎かにしていると、気付いたときには資金不足に陥っていたということにもなりかねないのです。

2．流動資産の管理と運転資本

　苦労してキャッシュフローの管理に注力しても、大切なおカネを無駄に使っていたのでは、いつまで経っても現金は増加しません。会社の資産が、合理的に管理されていることが求められます。
　ここでいう合理的管理とは、単なる量的削減ではなく、資本が効果的・効率的に運用されている状態をいいます。資本が効果的・効率的に運用されていれば、それは売上高の増加につながるでしょうし、利益の獲得に大きく貢献することになるでしょう。
　このように、資本運用のあり方を質的・量的に検討し、効果的・効率的な運用を図ることによって合理的管理がなされ、その結果として資金に余裕が生まれることになります。
　さて、資本運用の具体的な形態を考えるとき、われわれは貸借対照表の借方に示された資産の部の勘定科目を思い浮かべることになるでしょう。一般的な分類に従えば、それらは流動資産、固定資産に分かれます。このうち、特に関心が向けられるのは、流動資産の中の現金、売上債権と棚卸資産であり、固定資産の中の設備資産になります。
　もちろん資産の運用形態については、現金、売上債権、棚卸資産、設備資産

の4つ以外にも考えられますが，企業経営においてはこれら4つへの投資が特に重要となるわけです。

設備資産については投資評価基準という観点から第9話で詳しく扱うこととし，ここでは短期的な運用形態である現金，売上債権，棚卸資産などの運転資本管理について説明し，その管理方法についての具体的な検討をおこなうことにします[13]。

一般に運転資本（working capital）という場合，それは広義の運転資本と狭義の運転資本を包括した概念であるといえます。広義の運転資本とは，流動資産に投下された資金全体を指す概念であり，総運転資本（gross working capital）あるいは運転資金と呼ばれます。

一方，狭義の運転資本とは，広義の運転資本の概念である流動資産から流動負債を差し引いた残余部分を指します。別の見方をすれば，売上債権に棚卸資産を加えたものから買入債務を引いたものであり，正味運転資本（net working capital）といいます。

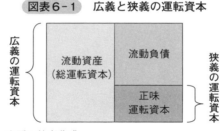

図表6-1　広義と狭義の運転資本

出所：筆者作成

正味運転資本が正となる場合，つまり流動資産が流動負債より多いということは，1年内に現金化される資金で1年内に支払わねばならない資金を手当し

---

13)　流動資産に投下された資金は1年内に現金化されるものですから，その資産のための調達手段はやはり1年内の短期的資金が中心となります。これは，短期の資金需要は同じく短期資金から供給されるべきであるという原則にもとづいており，したがって運転資本の管理では，1年内の期間で資本の運用と調達がなされる問題を取り扱うことになります。

てもなお残余資金が手許に残ることを意味します。したがって，狭義，つまり正味運転資本の額は，企業の支払能力，財務流動性を示すものとして認識されるのです。**図表6-1**は広義と狭義の運転資本を示しています。

ところで運転資本の「運転」（working）とは，たとえば製品や原材料を仕入れてから販売するまでの一連の過程における活動のことをいい，その「運転」活動を円滑にするために必要とされる資金の額が運転資本になります。

経営活動における運転資本の必要性を，次の例で説明しましょう。たとえば商品や原材料を仕入れる際，通常は掛けで購入することになります（買入債務の発生）。仕入れられた原材料は生産活動を経て仕掛品，半製品，製品などに変化しますが，その過程で生産活動に従事する労働者に対しては賃金が支払われることになるでしょう。もちろん，この支払は現金によってなされるはずです。最後に商品は販売されますが，これも通常は掛けでおこなわれます（売上債権の発生）。ところがこの販売活動に供される労働力に対する賃金は，売上債権の回収時期とは無関係に，やはり現金で支払われるでしょう。

このように，資金の回収と支払に時間的なズレが生じるとき，こうした状況下で経営活動を円滑におこなうための資金が必要になるわけです。

運転資本を管理するということは，短期的な支払能力を保ち，財務流動性を維持するということであり，換言すれば1年内における資金の流入と流出を量的，時間的に均衡させるということに他なりません。

たとえ運転資本が経営活動に欠かせないものであっても，その額が過剰であれば企業の収益性に悪影響を及ぼすことになりかねません。それゆえ，運転資本が適正な水準に維持されていることが必要となるのです。

図表6-2は，バリューチェーン[14]をイメージしながら，実際の経営活動の中で発生する運転資本を概念的に表したものです。

---

14) ハーバード・ビジネス・スクールのマイケル・ポーター（Michael E. Porter）教授が示したフレームワーク。購買，製造，流通，販売，サービスなどの活動が，一連の流れを経ていく過程で価値とコストを付加していき，その連鎖（Value Chain）が顧客に対する価値を生み出すという考え方です。

支払と回収の間，つまり現金が必要な期間を短くするために，考えられる方法は2つあります。1つは買掛金（買入債務）の支払期日を先延ばしにして【支払】（現金流出）を右方向にシフトさせる（遅らせる）か，売掛金（売上債権）の回収期日を短くして【回収】（現金流入）を左方向にシフトさせる（早める）かです。もちろん，同時にできれば，さらに期間は短縮されることになります。これは，支払債務や売上債権を管理することになります。

図表6-2　バリューチェーンと運転資本

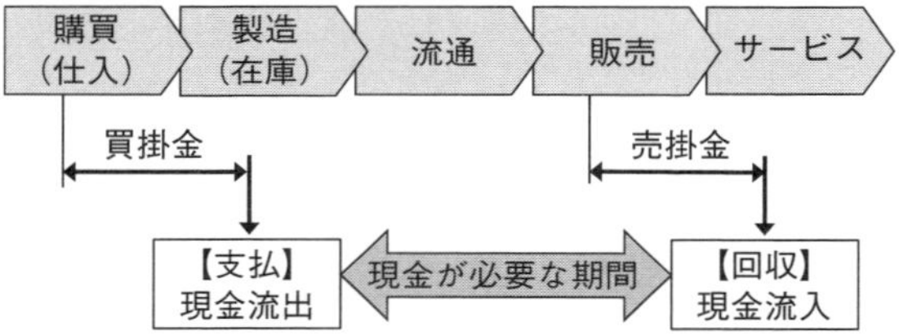

購買（仕入）→ 製造（在庫）→ 流通 → 販売 → サービス

買掛金 ←→　　　　　　　　　売掛金 ←→

【支払】現金流出 ←現金が必要な期間→ 【回収】現金流入

出所：筆者作成

　2つめは，バリューチェーンにおけるさまざまな経営活動を短縮することです。図表6-2でいえば，バリューチェーンの各々のボックス（たとえば購買，製造など）の横幅を狭めることで，現金が必要な期間が短縮されます。これは，製造過程の短縮（原材料や仕掛品の圧縮），流通から販売に至るプロセスの短縮（在庫の圧縮）を意味します。

3．正味運転資本の管理と資金計画

　ファイナンスの目的が，収益性の向上と流動性の維持であることは第1話ですでに述べたとおりです。このうち，収益性の確保，向上を目的として計画・管理されるのが利益計画であり，流動性の確保，維持を目的として計画・管理されるのが資金計画ということになります。
　流動性の確保，維持を目的とした資金管理は，支払などに充てるために必要な現金資金を，過不足なく適時・適宜に管理する活動であるといえます。
　現金資金が不足することで経営活動に支障をきたすことはもちろんですが，

だからといって当面不要な現金をそのままにしておいては無駄が生じることになります。

では，具体的にどれほどの運転資本が必要となるのでしょうか。以降では，企業の正味運転資本の額を把握し，資金計画につなげていくための考え方について述べていくことにします。

資金管理をおこなうにあたっては，実際の取引をひとつひとつチェックして出納管理をおこなっていく方法もありますが，ここでは，財務諸表を使った算出方法について説明します。

$$(6-1) \quad 棚卸資産回転期間（日）= \frac{棚卸資産}{売上高} \times 365$$

6-1式の棚卸資産回転期間とは，売上高に対する棚卸資産の割合を言い，企業の所有する棚卸資産がどれくらいの期間で販売されたかを示すものです。365を乗ずることで日数を求めることができます。棚卸資産回転期間が短い場合は企業が在庫として抱える期間が短いことを意味し，効率的に収益に結びついていることを表しています。逆に棚卸資産回転期間が長い場合は，在庫の増加や販売までの期間の長期化が背景にあると考えられます。

$$(6-2) \quad 売上債権回転期間（日）= \frac{売掛金+受取手形+受取手形割引高}{売上高} \times 365$$

6-2式の売上債権回転期間とは，売上高に対する売上債権（売掛金，受取手形，受取手形割引高）の割合を言い，企業が所有する売上債権がどれぐらいの期間で回収できるかを見る指標です。売上債権回転期間が短い場合は売上債権が現金化されるまでの期間が短いため，資金繰りに余裕があると考えられます。

$$(6-3) \quad 買入債務回転期間（日）= \frac{買掛金+支払手形}{売上高} \times 365$$

6-3式の買入債務回転期間とは，売上高に対する買入債務（買掛金，支払手形）の割合のことで，企業が抱えている買入債務をどれぐらいの期間で支払っているかを見る指標です。一般に買入債務回転期間が長い場合は，債務を支払うまでの期間が長いと考えられますので，資金繰りに余裕ができると言われています。

6-1式の棚卸資産回転期間に6-2式の売上債権回転期間を加えたものが，棚卸品（在庫品）が売れてから代金を回収するまでの期間になります。ここから6-3式の買入債務回転期間を引いたものが，6-4式の正味運転資本回転期間となります。図表6-2で示した「現金が必要な期間」がこれにあたります。この期間に必要となる正味運転資本の額は6-5式のように求めることができます。

(6-4)　正味運転資本回転期間（日）
　　　　＝棚卸資産回転期間＋売上債権回転期間－買入債務回転期間
(6-5)　正味運転資本必要額（円）＝売上高×正味運転資本回転期間÷365

図表6-3は全産業と産業別の棚卸資産回転期間，売上債権回転期間，買入債務回転期間を月数と日数で示しています。非製造業に比べて製造業の正味運転資本回転期間が長くなっていることが分かります。

図表6-3　産業別の各回転期間

	棚卸資産回転期間	売上債権回転期間	買入債務回転期間	正味運転資本回転期間
全産業・全規模	1.08月 (32.85日)	1.88月 (57.18日)	1.31月 (39.85日)	1.65月 (50.19日)
製造業・全規模	1.61月 (48.97日)	2.30月 (69.96日)	1.58月 (48.06日)	2.33月 (70.87日)
非製造業・全規模	0.88月 (25.77日)	1.72月 (52.32日)	1.20月 (36.50日)	1.40月 (42.58日)

出所：財務省法人企業統計年報「業種別財務営業比率表」(2022年)

例題を用いて,具体的に求めてみることにしましょう。

図表6-4にXYZ社の簡易貸借対照表と売上高を示しています。これをもとに正味運転資本回転期間と必要額を求めるまでのプロセスが6-6式から6-10式に示されています。

図表6-4 【例題】XYZ社の貸借対照表と売上高

(単位:千円)

流動資産	226,000	流動負債	163,000
現金・預金	60,000	支払手形	59,000
受取手形	52,000	買掛金	39,000
売掛金	31,000	短期借入金	47,000
棚卸資産	68,000	その他	18,000
その他	15,000	固定負債	57,000
固定資産	110,000	資本合計	116,000
資産合計	336,000	負債・資本合計	336,000

注:受取手形割引残高=0円

売上高	362,000

出所:筆者作成

(6-6) 棚卸資産回転期間(日) = $\dfrac{68,000}{362,000} \times 365 = 68.56$(日)

(6-7) 売上債権回転期間(日) = $\dfrac{31,000 + 52,000 + 0}{362,000} \times 365 = 83.69$(日)

(6-8) 買入債務回転期間(日) = $\dfrac{39,000 + 59,000}{362,000} \times 365 = 98.81$(日)

(6-9) 正味運転資本回転期間(日) = 68.56 + 83.69 - 98.81 = 53.44(日)

(6-10) 正味運転資本必要額(円) = 362,000 × 53.44 ÷ 365 = 53,000(千円)

商品を仕入れてから販売するまでの期間が68.56日で,販売代金を回収するのが83.69日後であることが分かります。一方で仕入先への仕入代金の支払は商品仕入れから98.81日後に発生しますから,差し引きした日数が「現金が必要な期間」となり,この例題では53.44日となります。これに売上高を掛けて

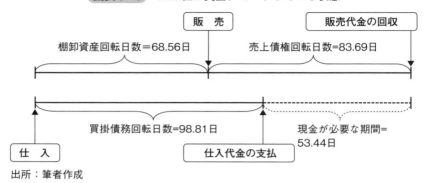

365日で割ることによって正味運転資本必要額を求めることができて，6−10式のごとく53,000千円となります。

図表6−5は，XYZ社が資金ショートを起こしていて，運転資本を必要とする期間と金額がどれぐらいかを図示したものです。XYZ社の場合，すでに計算で求めたとおり，この期間内に53,000千円の運転資本が必要となります。

スタートアップの特徴として，急成長を遂げているということが挙げられるでしょう。そしてそれは，売上高が急激に増加しているという状態に他なりません。この売上高の増加は，運転資本にどのような影響を与えるのでしょうか。

これまで見てきたように，運転資本を示す構造が図表6−5のように資金ショートをもたらすようなパターンであれば，売上高の増加は正味運転資本の額の増加をもたらすことになります。

このことは，正味運転資本の額を求める式が6−5式であることから明らかなように，正味運転資本回転期間が一定であれば（売上債権や買掛債務の回転期間が変わらなければ），売上高の増加にともなって正味運転資本の額も比例的に増加することになるのです。つまり，図表6−5のような構造であるならば，急成長とは，それに見合った分だけ資金不足を生じさせるということに他ならないわけです。

たとえば将来どの程度の資金不足が生じるかは，正味運転資本回転期間に予

想される売上高を掛ければ求められますから，あらかじめ必要となる資金を手当てしておくという資金計画が立てられることになります。さらにいえば，急成長の下でも資金的余裕を生じさせようとすれば，運転資本を示す構造そのものを変化させることも必要となるのです。

> **ここがポイント！**
> ☞ 運転資本とは，製品や原材料を仕入れてから販売するまでの経営活動で必要となるおカネである。
> ☞ 必要となる運転資本の額を正確に把握して資金計画を立てることが重要である。
> ☞ 売上代金を掛けで回収している企業の多くは，売上高が増加すればするほど正味運転資本の額も増加して資金不足に陥る可能性がある。

第7話　仕事の成果を評価する

　船出君の会社は設立から3年が過ぎようとしていました。相変わらず売上は伸び続け，若者の間では船出君の会社のブランドは確固たる地位を築くまでに至っていました。この間，少し強引ではありましたが，積極的に多店舗展開を行ってきました。2年目に1店舗，3年目に1店舗をオープンし，現在はすべて地元の地方都市ではあるものの，3つの店舗を構えるまでに成長していました。

　いよいよ目指すは大都市圏への進出です。しかし不安もあります。3店舗となった今でさえ，自分の目が行き届かなくなってきていることを実感しはじめています。ブランドのコンセプトや接客姿勢は店舗を頻繁に巡回することで従業員に浸透させることは可能ですが，業績の管理が難しい。各店舗の店長に，いい意味で競わせて互いに切磋琢磨させたいのですが思うようにいきません。3つの店舗は立地も違うし対象としているマーケットの規模も違う。売上の多少だけで一概に判断できないのが悩みです。何か良い判断指標があれば，それを基準に，さらなる多店舗展開も可能になるんじゃないかと思って教授を訪ねたのでした。

　教授によれば，効率化を評価指標のひとつにすればとのこと。どうも，投入した経営資源に対する産出された経営成果の関係で示される評価指標らしい。それって，経営分析を導入するってこと？　店舗ごとに経営分析を実施することで，それを合算した会社全体の財務諸表分析もつながりを持ってきます。そうすることで，全社的な方向性と店長さんが管理を任されている店舗の業績との関係が明確になる。店長さんにとっても自らの業績を評価することで次期の目標設定につなげることができるのです。

複数の店舗を運営するようになった今。各々の業績を管理する必要が出てきました。業績管理できる客観性の高い指標として，何かいいものはありませんか。

投入した経営資源に対して産出された経営成果の関係で示される評価指標として，効率化という指標があるよ。

なんだか舌を噛みそうで，ややこしそうなんですが。

ゴメン。要するに仕事の成果をキッチリ分析して評価につなげるってことです。

1．経営は相対比較

　プラン－ドゥ－チェック－アクションという管理のサイクルが重要であることは第1話ですでに述べたとおりです。事業を計画し，事業活動をおこなった結果としての財務諸表やキャッシュフロー計算書を分析・評価して，次の行動に結びつけていくために必要な情報を与えてくれるのが財務諸表分析です。

　財務諸表分析では比較することが重要な意味を持ちます。財務諸表上の売上高や利益などの額は，もちろんそれ自体重要な意味を持ちますが，それだけではその額が多いのか少ないのか，上昇基調なのか下落傾向なのか，良いのか悪いのかを判断することは困難です。このような絶対値ではなく，何かと何かを比較して相対的に判断しなければなりません。財務諸表分析は比較を通して相対的な評価を下すことで，初めて意味を成すことになります。

　このために用いられるのが比率分析です。

　比率分析とは，財務諸表の中から2つ以上のデータを取り上げてその割合を算出する方法で，関係比率分析，構成比率分析，趨勢分析の3つがあります。

　関係比率分析とは売上と利益，資産と負債など，関係の深い項目を比較して比率を求めるものです。構成比率分析とは売上や総資本といった全体の数値を100％としたときの各構成要素が占める構成比率を求めるものです。そして，趨勢分析（指数分析ともいいます）とはある時点の数値を基準として前後の数値を指数として表してその変化を時系列でみる分析方法です。

　こうして求めたデータをさらに比較する方法として，同業比較と同規模比較があります。

　同業比較とは同じ業界に属する企業を比較の対象に置くもので，同規模比較とは売上高や総資産，あるいは従業員数などが似通った規模の企業を比較の対象において相対的な評価をおこなうものです。

　以降では，比率分析によって，収益性，安全性，生産性と付加価値の各々について，主要な経営指標の分析方法について述べるとともに，その意味について説明をおこなうことにします。

2. 収益性をみる

　収益性とは、どれだけ儲かっているか、儲けを生み出す力がどれだけあるかを示す指標です。加えて、投入した経営資源に対する利益の割合、つまり利益効率を明らかにするものです。

　収益性分析の骨格を成すのは、投下資本に対する利益の割合を示す資本利益率です。企業が投下、運用している資本で、どれだけの利益を得たかをみる指標であり、7-1式で求められます。

$$（7-1）\quad 資本利益率（\%）=\frac{利益}{資本}\times 100=\frac{利益}{売上高}\times\frac{売上高}{資本}\times 100$$
$$=売上高利益率（\%）\times 資本回転率（回）$$

　資本利益率は、売上高に対する利益の割合を示す売上高利益率と、投下資本が売上高獲得のためにどれだけ寄与したかを示す資本回転率とに分解されます。

　これから先、利益率と回転率という2つの側面から、収益性分析のための分析指標を見ていくことにします。

(1) 利益率の分析指標

　資本利益率とは、企業に投下された資本（資金）を使って年間にどれだけ利益をあげることができたかを表す比率です。投下する資本の種類（分母）と生み出された利益の種類（分子）によって分析指標は異なります。

$$（7-2）\quad 総資本営業利益率（ROA）（\%）=\frac{営業利益}{総資本}\times 100$$

　7-2式の総資本営業利益率（Return on Asset：ROA）は事業活動に投下しているすべての資本（総資産）を使ってどれだけ効率的に税引き後の営業利益を生み出したかを評価する指標です。分子を税引き後の営業利益、分母の資本を投下資本（株主資本＋有利子負債）に限定したものが投下資本利益率

（Return on Investment Capital：ROIC）となります。経営者の目線から見た，企業の収益性を見る指標です。

$$(7-3)\quad 株主資本当期純利益率（ROE）（％）= \frac{最終利益（当期純利益）}{株主資本} \times 100$$

7-3式の株主資本当期純利益率（Return on Equity：ROE）は，株主の持分である株主資本を使ってどれだけ利益をあげたかを表す指標となります。株主の立場からの分析として，欧米のみならず，わが国でも重視されています。

$$(7-4)\quad 売上高利益率（ROS）（％）= \frac{利益}{売上高} \times 100$$

7-4式の売上高利益率（Return on Sales：ROS）は，売上高に対する利益の割合を表すもので，最もよく用いられるなじみ深い指標です。分子の利益を営業利益とおけば売上高営業利益率になります。売上高営業利益率は，企業が定款で定めている事業目的に従って，本業であげた利益の割合を表しています。また，これから金融費用などの営業外損益を加減した，期間のもうけを示す利益の割合を表すのが売上高経常利益率となります。

$$(7-5)\quad 売上高販管費率（％）= \frac{販売費及び一般管理費}{売上高} \times 100$$

利益は売上高と原価・費用の関係で決まるものですから，利益率とは別に，費用と売上高の関係を知るためにおこなうのが費用分析です。

7-5式の売上高販管費率は，販売費・一般管理費の売上高に対する割合を表すものです。一般に販売費は売上高に比例して増減する傾向にあり，管理費は売上高に関係なく固定的に発生する費用として認識されます。このことから，この指標の変動が売上高の増減変動より小さければ，固定的に発生する費用の割合が大きいと判断できることになります。

こうした場合，さらにその詳細を分析するための指標として，分子に人件費

だけを置いた売上高人件費率，減価償却費のみを置いた売上高減価償却費率などがあります。

（7-6）　売上高金利負担率（％）
$$= \frac{\text{支払利息・割引料} - \text{受取利息・配当金}}{\text{売上高}} \times 100$$

7-6式の売上高金利負担率は金融費用比率ともいわれ，企業経営に関わるヒト・モノ・カネの資源の中で，カネにかかる費用の売上高に対する割合を指します。売上高営業利益率が良いにもかかわらず売上高経常利益率が悪い場合は，金融費用の負担が原因であることが考えられます。

(2)　回転率の分析指標

売上高と資本の関係をみるのが7-7式の資本回転率です。資本回転率とは，経営のために使用（投下）された資本（たとえば総資本や株主資本）が売上高獲得のためにどれだけ寄与したかを示す指標であり，資本が回転した回数で表します。

（7-7）　資本回転率（回）$= \dfrac{\text{売上高}}{\text{資本}}$

資本の回転をさらに詳しく分析するために，流動資産や流動負債の中身に焦点を当てて，それらが売上高を実現する間に何回転するかを分析する指標について見ていくことにします。

（7-8）　棚卸資産回転率（回）$= \dfrac{\text{売上高}}{\text{棚卸資産}}$

7-8式の棚卸資産回転率は，製品（商品）に原材料，仕掛品などを加えたすべての棚卸資産が，期間の売上高を実現するために何回転したかを表す指標です。売上高が増大し，在庫が減少すれば回転率は向上することになりますか

ら，企業の活性度をみる指標であるともいえます。

$$(7-9) \quad 売上債権回転率（回）= \frac{売上高}{売掛金＋受取手形＋受取手形割引高}$$

$$(7-10) \quad 買入債務回転率（回）= \frac{売上高}{買掛金＋支払手形}$$

7-9式の売上債権回転率は，営業上発生した売上債権が売上高を得るために何回転したかを示すものであり，7-10式の買入債務回転率は，仕入れにともなって発生した買入債務が回転した回数を示すものです。

債権は早く回収する方が良いわけですから売上債権回転率の回転は多いほど良く，逆に買入債務回転率の回転は少ない方が良いということになります。両者を比較することによって資金面のチェックをおこなうことが可能となります。

$$(7-11) \quad 固定資産回転率（回）= \frac{売上高}{固定資産}$$

7-11式の固定資産回転率は，売上高獲得のために固定資産が効率よく使われているかを表す指標です。固定資産は流動資産と異なり投資の影響が長期にわたりますから，必要以上の資産があると資金が固定化することになってしまいます。固定資産の回転率が低下していれば，過剰投資か遊休資産の存在が懸念されますので警戒が必要です。

以上が主な回転率の分析指標ですが，これまで見たように回転率の単位は「回」であり，これは1年間に何回転するかといった回数で表されていました。この単位は，計算式を7-12式や7-13式のように変えることによって，月数や日数などのように，1回転するのに要する期間の長さで表すことも可能です[15]。

---

15) 債権，債務や資産の回転期間等については，第6話で詳述しています。

$$（7\text{-}12）\quad 売上債権回転月数（月）= \frac{売掛金＋受取手形＋受取手形割引高}{売上高} \times 12$$

$$（7\text{-}13）\quad 売上債権回転日数（日）= \frac{売掛金＋受取手形＋受取手形割引高}{売上高} \times 365$$

3．安全性をみる

　安全性は，負債の利子を支払い，元本を返済する能力を示す指標です。特に債権者の立場から分析する場合には収益性と並んで重要視されるもので，その内容は流動性の分析と安定性の分析に大別されます。

(1) 流動性の分析指標

　7-14式の流動比率は，1年内の支払能力を見る指標です。1年内に現金化できる流動資産で，1年内に支払期限が来る流動負債を返済できる能力がどれだけあるかを示すものといえます。

$$（7\text{-}14）\quad 固流動比率（\%）= \frac{流動資産}{流動負債} \times 100$$

$$（7\text{-}15）\quad 当座比率（\%）= \frac{当座資産}{流動負債} \times 100$$

　7-15式の当座比率は流動資産の中でもさらに現金化の容易な当座資産で流動負債の返済能力を見る指標です。一時保有の有価証券や棚卸資産など，現金化するために手間や時間がかかる資産を控除したあとの支払能力を示していますので，流動比率に比べて辛口の評価指標であるといえます。

$$（7\text{-}16）\quad 売上債権対買入務比率（\%）$$
$$= \frac{売掛金＋受取手形＋受取手形割引高}{買掛金＋支払手形} \times 100$$

(7-17)　手元流動性比率（％）

$$= \frac{\text{現金・預金} + \text{一時保有の有価証券} + \text{営業貸付金}}{\text{売上高}} \times 100$$

おカネの流れに注目し，営業上の資金収支から流動性を判断するのが7-16式の売上債権対買入債務比率です。また，7-17式の手元流動性比率とは，手元資金の額が売上高の何％あるかを見る指標です。両方の比率とも高い方が支払能力の高さを示しますが，手元流動性比率の場合，必要以上の手元資金は経営効率の悪化を招きかねませんので，一概に高ければ高いほど良いともいえないところに注意を要します。

(7-18)　固定比率（％）$= \dfrac{\text{固定資産}}{\text{株主資本}} \times 100$

(7-19)　固定長期適合率（％）$= \dfrac{\text{固定資産}}{\text{株主資本} + \text{固定負債}}$

　資金の調達と運用の関係において，資金が長期にわたって固定化する固定資産への投資は長期資金でまかなうことが望ましいという考え方にもとづいた判断指標が7-18式の固定比率と7-19式の固定長期適合率です。

　固定比率は，長期資金の中でも返済期限のない株主資本から固定資産投資に向けられた割合を示す指標です。固定比率は低い方が望ましく，100を超えているような場合は，固定資産の一部がそれ以外の資金，すなわち負債によってまかなわれていることを意味します。

　固定長期適合率は，固定比率の補助的な意味あいを持つもので，長期資金の対象範囲を株主資本だけでなく固定負債にまで広げたものです。固定長期適合率が100を超えるような場合は，固定資産への投資の一部が1年以内の短期資金によってまかなわれていることを意味しますから，少なくとも100を超えない範囲で可能な限り下回ることが要求されます。

(2) 安定性の分析指標

　流動負債，固定負債，株主資本の合計である総資本中，株主資本の占める割合を示すのが7-20式の株主資本比率です。返済期限のない株主資本の割合が高いほど，企業の財政上の安定性は高いといえます。

(7-20)　株主資本（自己資本）比率（％） $= \dfrac{\text{株主資本}}{\text{総資本}} \times 100$

(7-21)　財務レバレッジ（倍） $= \dfrac{\text{総資本}}{\text{株主資本}}$

　7-20式の逆数を「倍」で表したものが7-21式の財務レバレッジで，自社の総資本が株主資本の何倍になるかを表しています。財務レバレッジが高くなれば，総資本に対して他人資本の割合が高くなっていることになります。財務レバレッジが高くなりすぎると，借入金や社債などの返済・利息の支払に圧迫されている可能性があります[16]。

(7-22)　インタレストカバレッジ（倍） $= \dfrac{\text{営業利益} + \text{受取利息}}{\text{支払利息} + \text{割引料}}$

　7-22式のインタレストカバレッジは，負債から生じる支払利息などの金融費用を利益額によってどの程度カバーできるかを示す指標です。分子の営業利益は企業の本業での儲けですから，この利益変動に，金融費用の支払がどこまで耐えられるのかを測る指標であるといえます。

4．生産性と付加価値をみる

　生産性とは，一定期間に投入（インプット）された生産諸要素に対する産出物（アウトプット）の割合として示される，生産諸要素の有効利用の尺度で，

---

[16] 財務レバレッジ（ファイナンシャル・レバレッジ）については第10話を参考にしてください。

> **コラム** デュポンモデルによる分析

　収益性のところで取り上げている資本利益率の計算式に安全性の指標を加えて，株主資本利益率を向上させるための要素として貸借対照表と損益計算書を体系的に管理するための手法としてデュポンモデルがあります。

　アメリカの化学品会社デュポン社が事業部管理のために採用した考え方で，株主資本利益率を次のように分解します。

$$株主資本利益率 = \frac{利益}{売上高} \times \frac{売上高}{総資本} \times \frac{総資本}{株主資本}$$

　右辺第三項はファイナンシャル・レバレッジと呼ばれ，借入金や社債などといった負債をどの程度活用しているかを示す指標です（第10話で詳述しています）。株主資本利益率を向上させようとする場合，負債の利子率を上回るような収益機会があれば借金をしても利益を生み出した方が有利であることを意味しています。これに総資本利益率（売上高利益率×資本回転率）を掛けたものが株主資本利益率となります。

　図のように株主資本利益率の構成要素を分化し，貸借対照表や損益計算書の細部にわたる勘定科目にまで分析を落とし込んでいくことによって，利益管理がおこなえることになります。

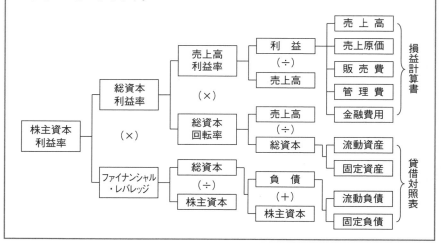

7-23式のように表されます。投入資源と産出結果は多種多様のものが考えられますが，それらは労働（ヒト）と資本（モノ・カネ）に大別され，**図表7-1**の要素が評価対象として挙げられます。

$$（7-23）\quad 生産性 = \frac{産出結果}{投入資源}$$

労働生産性は，産出した生産量や付加価値額を従業員数や労働時間などの投入要素で割って求められる，業務効率化を判断する指標です。資本生産性は企業が有する有形・無形の資産や資金がどれだけ効率的に付加価値を生み出しているかを見る指標です。

図表7-1　生産性をみるためのさまざまな投入資源と産出結果

労働生産性	物量的生産性	投入資源	従業員数，労働時間など
		産出結果	売上数量，生産量など
	価値的生産性	投入資源	従業員数，労働時間など
		産出結果	売上高，生産高，付加価値，利益など
資本生産性	物量的生産性	投入資源	機械台数，運転時間など
		産出結果	売上数量，生産量など
	価値的生産性	投入資源	総資本，機械設備，運転時間など
		産出結果	売上高，生産高，付加価値，利益など

出所：筆者作成

生産性を高めるには計算式の分子である産出結果や生産量，付加価値額を上げると同時に，分母の投入要素，つまり従業員数や労働時間を減らす必要があります。付加価値の求め方は日本銀行方式と中小企業庁方式に大別されています[17]。これから分かるように，付加価値を構成する要素の中には，利益以外に

17）　日本銀行方式（加算方式）付加価値＝経常利益＋人件費＋金融費用＋賃借料＋租税公課＋減価償却費。中小企業庁方式（控除方式）付加価値＝売上高－外部購入価額（＝直接材料費＋買入部品費＋外注加工費など）

も，人件費や金融費用，租税公課などが含まれます。こうした費用が多ければ，全体としての付加価値に占める利益の割合は小さくなりますから，この点に注意する必要があります。付加価値を高めることは競合他社との差別化や顧客満足の向上につながり，利益を上げるための不可欠な要素となります。

　労働分配率は，企業が産出する付加価値に対し，従業員に支払われた人件費の割合を示す指標で7-24式のように表されます。労働分配率は低すぎると従業員のモチベーションを低下させる場合がありますし，高すぎると経営困難に陥る場合があります。

$$（7\text{-}24）\quad 労働分配率（\%） = \frac{人件費}{付加価値} \times 100$$

　労働分配率のような分配分析は付加価値がステークホルダーに対して適正に分配されているかを示すものです。ステークルダーの満足を高めるためには付加価値が適正に彼らに対して分配されていることが理想です。人件費に限らず，分子に金融費用を置けば債権者に対する分配率を見ることができますし，分子に租税公課を置けば公共分配率として自治体への貢献度を見ることもできます。

5．比較する

　本章の冒頭で，経営は「相対」で評価することが重要であり，そのために「比較」することが不可欠であると述べました。本章で扱ったさまざまな経営指標から得られた分析結果を，他の指標と比較するためのデータは，デジタルかアナログかを問わず無数に存在しています。ぜひいろいろなデータにあたって比較していただきたいと思います。**図表7-2**は経済産業省の「中小企業実態基本調査」から得たデータです。比較対象候補のひとつとして挙げておくことにします。

図表7-2 主要な分析指標と実績値

観点	経営指標名	算出式	2020年度全産業加重平均	2021年度全産業加重平均	2022年度全産業加重平均
A．総合力	(1)自己資本当期純利益率（ROE）	当期純利益÷純資産（株主資本）×100	7.40（％）	8.29（％）	11.50（％）
B．収益性	(2)売上高経常利益率	経常利益÷売上高×100	3.25（％）	4.26（％）	4.29（％）
C．効率性	(3)総資本回転率	売上高÷総資本（総資産）	0.97（回）	0.98（回）	1.00（回）
D．安全性	(4)自己資本比率	純資産（株主資本）÷総資本（総資産）×100	39.21（％）	40.14（％）	41.71（％）
E．健全性	(5)財務レバレッジ	総資本（総資産）÷純資産（株主資本）	2.55（倍）	2.49（倍）	2.40（倍）
F．生産性	(6)付加価値比率	付加価値額÷売上高×100	25.54（％）	26.93（％）	26.09（％）

出所：経済産業省「令和5年中小企業実態基本調査速報」（令和6年3月29日）をもとに一部加筆修正

ここがポイント！

☞経営は「絶対」ではなく「相対」で評価することが求められる。そのために「比較」は不可欠である。

☞財務諸表分析は，収益性，安全性，生産性の観点から，企業の経営状態を比較し分析するものである。

☞企業の収益性，安全性，生産性は相互に密接に関連しているので，体系的に分析することが求められる。

第8話　利益目標を立てる

　既存の3店舗について経営分析を実施し，その効率性を評価するとともに，会社全体の財務諸表分析を実施して，強みと弱みを把握できるようになってきました。PDCAサイクルを回すことで目標管理の重要性も改めて実感できるようになりました。

　船出君は，会社設立後5年目を契機に，大きな市場へ打って出ようとの意思を固めるに至ります。しかし，当然のごとく，市場が大きい分，仮に失敗をしたらその痛手は計り知れません。これまでにも目標管理はおこなってきましたが，首都圏や関西圏進出にあたって必要となる資金の額は従来の比ではありません。

　すでに前職の社長や親戚などが出資して株主となっている以上，彼らの期待にも応える必要があります。さらなる資金需要の高まりに応じて，株主が増えることも考えられます。しっかりとした利益目標を立て，それに沿った経営が求められるようになってきたのです。

　3年目の事業年度の決算は売上高，営業利益とも前年を上回り，設立以来右肩上がりで推移しています。店舗ごとに効率性を管理することで店長たちもいい意味でのモチベーションアップにつながっていました。

　そんな中，船出君は，新中期経営計画づくりに着手していました。創業以来4年目の事業年度がスタートしたばかりですが，5年目から始まる3年間を『拡大期』と位置づけて，確固たる利益目標を設定した上で首都圏と関西圏進出を念頭に置いた中期経営計画の策定に着手しようとしていました。

今回の中期経営計画では，ビジネスプラン作成時とは比較にならないぐらい綿密に，具体的におこなっています。5年目から始まる「拡大期」の3年間で多くの利益を得られるように計画しようと考えています。

高いレベルで利益目標を設定することは大事ですが，実現性の高い，シッカリとした利益目標を立てて，そのために必要とされる売上高をいくらに設定すべきか決めて行きましょう。

1．利益計画と利益目標

　一般に利益計画という場合，経営計画の中の短期の期間を対象として，経営成果としての望ましい利益目標を設定する行為であるといわれます。企業の利益目標の尺度である収益性は資本利益率で表され，それは売上高利益率と資本回転率を掛け合わせることによって求めることができるのは，第7話で見たとおりです。

　利益計画において，前者の売上高利益率を目標値として総費用と売上高の関係を分析するのが損益分岐点分析です。

　損益分岐点（Break-Even-Point，BEP）とは，利益と損失の境界となるポイントであり，売上高と総費用とが一致している，利益がゼロとなる状態を指します。

　損益分岐点分析は，BEPの位置を知ることにより，それを上回って利益を計上するための方策を，売上高，費用，利益の相互関係から見つけ出そうとする管理ツールです。

　損益分岐点分析をおこなうにあたっては，まず，企業の総費用を固定費と変動費に分解する必要があります。その上で，これらの費用と売上高との関係を損益分岐点図表に示すことで，BEPの位置を知ることが可能となります。

　以降では，利益目標を立てるために必要な，損益分岐点分析とその応用方法について考えていきます。

2．費用の中身を知って分解する

　売上高から費用を引いて，残ったものが利益です。誰もがこの利益の額を増やそうと努力しますが，そのためには，売上高を増やすか，費用を減らすことが求められます。

　費用は，固定費と変動費の，性質の異なるものに大別されます。

　固定費とは，生産高や売上高で表される企業の操業度の増減に関わりなく固定的に発生する費用で，一定期間における総額が変化しない費用のことです。

第8話　利益目標を立てる

たとえば，一般管理部門の人件費，減価償却費，賃借料，保険料などがこれにあたります。

変動費は，操業度の増減に応じて比例的に増減する費用であり，原材料費，買入部品費，外注加工費などが例として挙げられます。

企業の総費用を固定費と変動費に分けることを費用分解といいます。代表的な方法として，勘定科目吟味法，変動費率法，散布図表法があります。

(1) **勘定科目吟味法**

勘定科目吟味法は，最も簡単で広く用いられている費用分解の手法です。損益計算書を手に取り，勘定科目名からその費用の性質をひとつひとつ精査・吟味して固定費と変動費に分解します。

ただし，いかなる条件のもとでも常に費用が変化しない固定費や，いかなる操業度に対しても常に比例的に変動するような変動費などは現実にはほとんどなく，したがって，経営の実態を反映した形で正確に分類できないといった欠点も指摘されます。

(2) **変動費率法**

勘定科目吟味法の欠点を補って，より実態に近い費用分解をおこなう方法として変動費率法があります。変動費率法は，2期間の操業度の変動幅と総費用の変動幅を比べて変動費率を算出し，この変動費率に操業度を掛けて変動費を求め，総費用から変動費を控除して固定費を算出する方法です。

変動費は売上高に比例して増減する費用です。この性質を利用して，売上高とともに増加した費用は変動費であると考えて，8-1式で示したように，売上高の増分に占める総費用の増分の割合を変動費率とします。

$$(8-1) \quad 変動費率 = \frac{t期の総費用 - t-1期の総費用}{t期の売上高 - t-1期の売上高}$$

簡単な例を使って，費用分解をおこなってみましょう。8-2式のように，

t期（たとえば今年）の売上高が250万円のときの総費用が190万円，t－1期（たとえば昨年）の売上高が200万円のときの総費用が160万円とすれば，変動費率は0.6（60％）となります。

(8-2) 　変動費率＝$\dfrac{190万円－160万円}{250万円－200万円}$＝0.6

(8-3) 　t期の変動費＝250万円×0.6＝150万円

(8-4) 　t期の固定費＝190万円－150万円＝40万円

売上高に占める変動費の割合が0.6ですから，8-3式のように，t期の売上高である250万円に0.6を掛けた150万円がt期の変動費総額であると推定することができます。

最後に8-4式のように，t期の総費用190万円から変動費の150万円を差し引いた40万円が固定費となります。

(3) **散布図表法**

変動費率法で用いた売上高や総費用のデータは，たとえば「今年と昨年」のような2期分でした。仮にそのいずれかの年で原材料が高騰するなどの異常事態が起これば，その状況下で求めた変動費率は必ずしも普段の実態を表していないことになります。そこで，なるべく多くのデータを使って，異常事態が普段の実態に及ぼす影響を小さくした上で変動費率を求めようとするのが散布図表法です。

散布図表法では，**図表8-1**のように縦軸（y）に総費用，横軸（x）に売上高をとったグラフの上に過去数年間（たとえばt期からt－5期までの6期分）の実績値を点で示していきます。その上で，各々の点と直線との距離の二乗和が最小となるような，複数の点の傾向をもっとも良く表す直線を引こうとするものです[18]。この直線を計算で求めようとするのが，最小二乗法です。

---

18) 各々の点と直線との長さ（距離）を二乗するのは，たとえば直線より上に2ポイント離れている点（＋2）と下に2ポイント離れている点（－2）があったとき，両者を単純

第8話　利益目標を立てる

図表8-1　散布図表法による直線の当てはめ

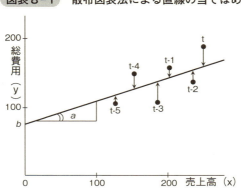

　図表8-1で引いた直線は1次式 y=ax+b で表すことができます。この1次式においてaは直線の傾きを，bはy切片をそれぞれ示しています。y切片のbはxがゼロのところ，言い換えれば売上高（x）がゼロでも総費用（y）が発生している点なので，bは固定費であると言えます。aは直線の傾きであり売上高の関数なので，売上高に比例して増減する変動費の売上に対する割合＝変動費率となります。なお，最小二乗法はエクセルの関数「LINEST」を使って求めることができます。

3．損益分岐点分析

　費用分解が終われば，次は総費用と売上高の関係を示す損益分岐点図表（利益図表ともいいます）を描くことになります。ひとくちに損益分岐点図表といっても，目的とする分析の内容ごとにいくつかの種類がありますが，ここでは最も基本的な損益分岐点図表の作成方法について①から⑤まで順を追って見ていくことにします。

に足すと，＋2＋（－2）＝0となって「全く離れていない」ことにならないようにするためです。

図表8-2 損益分岐点図表

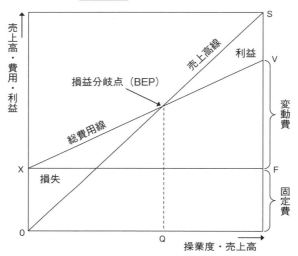

① 正方形の対角線を引いてこれを売上高線とする（OS）
② 固定費線を引く（XF）
③ 総費用線を引く（XV）
④ 線OSとXVの交点をBEPとする
⑤ 損益分岐点売上高Qを求める

　図表8-2からも明らかなように，損益分岐点は売上高線と総費用線が等しくなるような，つまり利益がゼロとなるような売上高を示しています。売上高がこの点を下回るとき損失が生じ，逆に上回るときに利益が生じることになります。このように損失と利益を分かつ点であることが損益分岐点と呼ばれるゆえんです。

　次に，損益分岐点を計算によって求めてみましょう。売上高から費用を引いたものが利益であり8-5式で示されています。費用は，すでに述べたように変動費と固定費からなりますから，8-6式のように変形できます。

(8-5)　売上高 − 費用 = 利益
(8-6)　売上高 − 変動費 − 固定費 = 利益

第8話　利益目標を立てる

　変動費は売上高の増減に比例して変化する費用ですから，売上高の関数です。したがって，8-6式は8-7式のように書き換えることができます。

　損益分岐点は利益がゼロの時の売上高ですから，利益をゼロとおくと8-8式となり，これを「売上高イコール」とした，つまり，売上高で解いた8-9式が損益分岐点売上高になります。

（8-7）　売上高 × $\left(1 - \dfrac{変動費}{売上高}\right)$ − 固定費 = 利益

（8-8）　売上高 × $\left(1 - \dfrac{変動費}{売上高}\right)$ = 固定費

（8-9）　損益分岐点売上高 = $\dfrac{固定費}{1 - \dfrac{変動費}{売上高}}$ = $\dfrac{固定費}{1 - 変動費率}$ = $\dfrac{固定費}{限界利益率}$

　ちなみに，売上高から変動費のみを引いたものを限界利益（あるいは貢献利益）[19]といい，売上高に占める変動費の割合を変動費率，1−変動費率を限界利益率といいます。

　8-9式が，利益がゼロとなる損益分岐点売上高を求める公式となります。公式は，そのとおりに数値を当てはめると解を出してくれますから便利なのですが，丸暗記した公式を忘れてしまうと大変なことになります。そこで，忘れても慌てないように，違った見方から8-9式を導いてみましょう。

　図表8-2のOS（ゼロエス）は正方形の対角線ですからy=xと表すことができます。次に総費用線のXVはy=ax+bとなります（図表8-1参照）。ここでaは直線の傾きでbはy切片です。損益分岐点売上高はこれら2つの直線が交わるところ，言い換えれば同じになるところの売上高ですから（1）y=xと（2）y=ax+bがイコールとなる点に等しく，以下のように解くことができます。

---

[19]　限界利益（marginal profit）は売上高と変動費の差のことで，固定費を回収できる地点を示す指標です。貢献利益（contribution profit）とも言います。

$$(1)\ y = x$$
$$(2)\ y = ax + b$$

$$x = ax + b \implies x = \frac{b}{1-a}$$

損益分岐点売上高（x）は，固定費（b）を1－変動費率（a）で割ったものになり，8-9式を得ることになります。

次に，損益分岐点販売数量を求めてみましょう。

売上高は単価×販売数量であり，変動費の総額は製品1単位当たりの変動費×販売数量ですから，8-6式は8-6'式に変形できます。8-6'式の左辺第1項と第2項を販売数量でくくれば，8-10式となり，これを販売数量で解くことによって8-11式を得ます。

分子の利益をゼロとすることによって，損益分岐点販売数量を求めることができます。これが8-12式です。

（8-6）'　（販売単価×販売数量）－（単位当たりの変動費×販売数量）－固定費＝利益

（8-10）　（販売単価－単位当たりの変動費）×販売数量－固定費＝利益

（8-11）　販売数量＝$\dfrac{利益＋固定費}{販売単価－単位当たりの変動費}$

（8-12）　損益分岐点販売数量＝$\dfrac{固定費}{販売単価－単位当たりの変動費}$

　　　　　　　　　　　　　　＝$\dfrac{固定費}{単位当たり限界利益}$

4．オペレーティング・レバレッジ

損益分岐点分析が，売上高と費用あるいは利益との関係を分析するにあたって有益な情報を提供してくれることはこれまで見てきたとおりです。いま，さらにその理解を深めるために，**図表8-3**のような費用構造を持つ2社について考えます。

第8話　利益目標を立てる

図表8-3　オペレーティング・レバレッジ

【A　社】		【B　社】	
単位当たり販売価格	5万円	単位当たり販売価格	5万円
単位当たり変動費	3万円	単位当たり変動費	1万円
固定費	60万円	固定費	160万円

【A　社】

販売数量 (単位)	売上高 (万円)	変動費 (万円)	総費用 (万円)	営業利益 (万円)
10	50	30	90	-40
20	100	60	120	-20
30	150	90	150	0
40	200	120	180	20
50	250	150	210	40
60	300	180	240	60
70	350	210	270	80

【B　社】

販売数量 (単位)	売上高 (万円)	変動費 (万円)	総費用 (万円)	営業利益 (万円)
10	50	10	170	-120
20	100	20	180	-80
30	150	30	190	-40
40	200	40	200	0
50	250	50	210	40
60	300	60	220	80
70	350	70	230	120

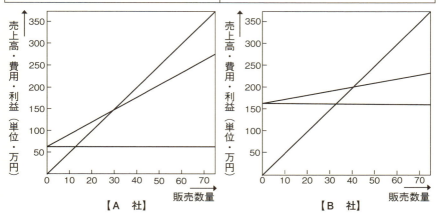

　A社，B社ともに，単位当たりの販売価格は5万円ですが，単位当たりの変動費と固定費の額が異なっています。

　景気変動の代理変数として販売数量を設定して，販売数量の変化が営業利益の変動に与える影響を表と図に表しています。

　A社は単位当たり変動費が高く，固定費の割合が相対的に低いという特徴を

> **コラム**　「レバレッジ」って何のこと？
>
> 　レバレッジ（leverage）とは梃子のことです。棒の両端を力点と作用点として，作用点に近い1点を支点とします。この時，力点に小さな力を加えるだけで，作用点に大きな力が得られるというのが梃子の原理です。
> 　オペレーティング・レバレッジでは，図のように，支点が分かつ棒の両端までの距離を固定費と変動費の構成割合として捉えて，販売数量という力が力点に加わることで作用点としての営業利益に与える影響の度合いを示しています。
> 　ファイナンシャル・レバレッジ（☞第10話）においても，負債と株主資本の構成割合が，景気変動という力によって株主資本利益率に与える影響の度合を示しています。
> 　このように，梃子の原理が効いている状態を指して，レバレッジ効果と呼んでいます。
>
>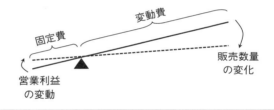

持つ企業です。商業やサービス業などにみられる労働集約型の企業であり，損益分岐点売上高も小さくなっています。

　一方のB社は，単位当たりの変動費は低いものの，固定費の割合が相対的に高いという特徴を持つ企業です。鉄鋼や重化学工業などの装置産業にみられる資本集約型の企業であり，損益分岐点も高くなっていることが分かります。

　このように，固定費と変動費の構成割合が営業利益に影響を与え，損益分岐点の位置を変えることになります。この固定費と変動費の割合をオペレーティング・レバレッジ（operating leverage）といい，A社のような低い固定費と高い変動費の組み合わせを低レバレッジ，B社のような高い固定費と低い変動費の組み合わせを高レバレッジといいます。

第8話　利益目標を立てる

　さて，8−9式にある（1−変動費率）は，限界利益率でした。そこで，もう一度8−7式を見てください。この式は，利益が，売上高と限界利益率を掛けたもの（これは固定費の回収に貢献しています）に左右されることを示しています。そしてひとたび固定費が回収されれば，それ以降，利益は売上高の増加率以上の伸びを示すことになるのです。

　この伸び率の程度（大きさ）は限界利益率に依存するわけですから，限界利益率の高い高レバレッジ企業の方が利益の変化の程度が大きくなるということになります。

　反対に，ひとたび売上高が減少すると，利益は売上高の低下率以上に低下することになり，この程度も高レバレッジ企業の方が大きくなります。

　B社のように限界利益率が高い企業は，固定費を回収した後は売上高の増加率以上に利益は増加しますが，売上高が損益分岐点を下回ると，相対的に高い固定費が負担となって，売上高の減少率以上に利益の減少を招くことになるのです。

　事業活動において，将来の利益が変動するリスクをビジネスリスク（business risk）といいます。これまでみてきたように，ビジネスリスクは売上高の変動によって引き起こされるとともに，企業の総費用に占める固定費と変動費の構成割合によっても大きく左右されることになります。

　そして，売上高の変動を所与とすれば，低レバレッジであるほどビジネスリスクは小さくその分利益の変動も小さいというローリスク・ローリターンの事業形態になり，高レバレッジであるほどハイリスク・ハイリターンの事業形態となるのです。

　多くのスタートアップは労働集約型の事業展開からスタートするでしょう。つまり，低レバレッジの状態です。その後，成長につれて設備投資をおこない，従業員も増加していきます。固定費の割合が多くなり，高レバレッジの状態へと変化していきます。

　売上は順調に伸びているのにそれほど利益が増加しない状況から，いつの間にか非常に高い利益が計上される状況へと変化します。しかし，喜んでばかり

もいられません。ひとたび売上が減少傾向に転じるとレバレッジ（梃子）の効果が効いて，利益は大幅に減少することにもなりかねないのです。

　損益分岐点分析は，利益がゼロとなるような売上高や販売数量を示すものですが，利益がゼロで満足する経営者はいないでしょう。そこで，任意に利益目標を設定して，そのために必要な売上高と費用をマネジメントすることになります。売上高だけに一喜一憂するのではなく，利益を生む費用構造がいかなるものかを注視することが求められます。

ここがポイント！

☞利益目標をしっかり立てることで，売上目標も設定することができる。

☞限界利益は固定費を支払う原資となるものであり，固定費を支払った後は限界利益＝利益となる。

☞総費用に占める変動費と固定費の割合をオペレーティング・レバレッジという。変動費の割合が低く固定費の割合が高い状態を高レバレッジという。

第9話　発展に向けて投資する

　自ら拡大期と位置づけた新中期経営計画の中に大都市圏への出店を織り込みたい。しかし，店舗の投資に莫大な費用がかかりそうです。今まで購入した最高値の物件は自宅マンション。その数十倍もする物件の購入には慎重にならざるを得ません。
　多額のおカネを長期間にわたって使って，それに見合う成果が得られるのかどうか。投資の成果とその評価におけるさまざまな手法や考え方について教授にアドバイスをもらいにやってきたのでした。
　投資計画を作るって難しそうですが，船出君，実はこれまでも数々の投資を行ってきています。たとえば商品の仕入れも，立派な投資。貸借対照表の左側に記載されているのは資本運用の実態ですから，すべて投資です。これらの投資と，今回船出君が考えている投資の違いはどこにあるのでしょうか。
　中期計画に織り込むような，不動産や機械設備に対する投資は金額も大きいですし，投資したことで得られるリターンも長期間に及びます。失敗は許されないのです。在庫投資や売上債権投資も重要ですが，短期的，少額の投資は万が一不満足な結果に終わっても被害は限定的ですし，やり直しも容易。不動産投資や設備投資は，多額の資金が動きますから失敗したときの影響が大きいのです。長期的視野に立った投資は，その評価も長期で考える必要があるし，そのための評価方法を知ることが重要になるわけです。

> 在庫投資だって立派な投資なんですが，設備投資の特徴は投資から得られる成果が長期にわたってもたらされること。

> 事業を発展させるには投資が不可欠だと思ってここまで来ました。投資額が大きくなる設備投資は，失敗は許されないので慎重になります。

> だからこそ，正しい考え方と正確な評価方法が求められることになるのです。

1. 投資の分類

　企業が中・長期的な経営計画を立案する場合，そこで発生するさまざまな投資機会についての採否を決定する必要が生じます。限られた資本をいかに効率的に利用して高い収益率をあげるかが課題となりますから，投資の経済性を評価することが重要となります。

　企業の設備資産に対する資本投下，すなわち設備投資は，数ある資本運用の中の一形態です（土地や建物などの不動産も含みますが，表現は「設備投資」に統一することにします）。しかし，これが棚卸資産などといった流動資産に対する資本投下と異なるのは，設備投資が企業の収益性や成長性などを長期にわたって決定づける点にあります。

　設備投資は，その目的や対象によって，取替投資，近代化投資，拡大投資，戦略的投資の4つに分類されます。詳しい説明は**図表9-1**にまとめています。

図表9-1　投資の種類と目的

種類	目的	設備の量	生産性
取替投資	現有設備の物理的劣化によって性能に変化のない同種の新しい設備に取り替える	→	→
近代化投資	現存製品の品質改良や向上を目的とした改善投資	→	↗
	製造原価低減や人員削減を目的とした省力化投資		
拡大投資	新製品生産のための新規投資	↗	—
	単に生産量を拡大するための追加投資		→
戦略的投資	社会的要請に配慮した社会責任投資や従業員のための福利厚生投資など	↗	—

出所：筆者作成

　このような分類とは別に，投資を他の別の投資との相互依存関係という観点からとらえたとき，独立投資と従属投資に分類されます。

　独立投資とは，同時に検討されている他の投資プロジェクトの存在，採否からはまったく影響を受けずに，当該投資がもたらす便益を独立して評価できる

> **コラム** 「コスパ」「タイパ」と効率的経営
>
> 　若い人が好んで使う言葉に「コスパ」とか「タイパ」があります。コスパとは，支払った金額に見合う成果や満足度（performance）のことで，フツーにオヤジ言葉でいえば「費用対効果」のことです。またタイパとは，何かにかけた時間に対する成果で「時間対効果」を示します。最近では，限られた空間の効率的な利用度合いを示す「スペパ」など，たくさんの「～パ」が生まれてきています。
>
> 　コスパ，タイパ，スペパは，それぞれ費用，時間，空間から効率を考える言葉で，投入資源に対して生み出される成果を示している点では同じだといえます。つまり「～パ」を気にする若い人は押しなべて効率性を追求することに大きな関心があると言えるのです。
>
> 　しかし，これが学びとなると話は変わります。本章で扱った設備投資はもちろん，本書で扱うファイナンスは第1話で述べたとおり，すべて効率性を追求するものであり，コスパやタイパと同じ発想にもとづく評価指標なのに，ファイナンスは「むつかしい」「ややこしい」となってしまうのです。ファイナンスが追い求める効率的経営は，皆さんが日頃使っているコスパやタイパと同じなのですから，同じように好きになっていただきたいと思う次第です。

ような投資のことをいいます。たとえば，利用可能な土地や資金に制約がない下で，工場の建設と従業員社宅の建設が同時に検討されている場合などがこれにあたります。

　従属投資とは，他の投資プロジェクトの存在，採否の結果次第で当該投資が有効であったり，投資がもたらす便益が変化するような投資をいいます。

2．投資の決定

　投資決定における最も基本的な考え方は，投資した額を上回るだけの回収が可能かどうかということです。つまり，

回収額　＞　投資額

が成り立ってはじめて，投資をおこなう意義があるということになります。

　ここで，投資額は，支出した設備・機械の代金となりますが，回収額としてはキャッシュフローを用いることになります。

　投資の実行にともなって，現在及び将来にわたって発生する現金の流出をキャッシュアウトフロー（cash outflow），現金の流入をキャッシュインフロー（cash inflow）と呼び，これらの大小を比較するのです。したがって，先の不等式は，

$$\text{キャッシュインフロー} > \text{キャッシュアウトフロー}$$

に書き換えることができます。

　キャッシュフローはさまざまな時点で発生することが考えられますが，計算を簡単にするために，常に期末に発生するものとみなすのが一般的です。つまり，投資の実行開始時点（第1期の期首）で発生するキャッシュアウトフローを初期投資とし，以降の期間（第1期，第2期…）においては，キャッシュインフローとキャッシュアウトフローは各期の期末という同一時点で発生すると仮定するわけです。

　ところで，キャッシュインフローとキャッシュアウトフローの差額はネットキャッシュフロー（net cash flow）と呼ばれます。キャッシュフローの求め方については第5話で詳しく触れています。なお，以降において特にことわりがない場合は，ネットキャッシュフローのことを単にキャッシュフローと表現することにします。

3．貨幣の時間価値を考える

　投資の決定は，投資によって支出されるキャッシュと投資することで回収されるキャッシュを比較することによっておこなわれると説明しました。しかし，すでに述べたとおり，投資の効果は将来の長期にわたってもたらされますから，遠い将来にキャッシュが回収されることもあります。将来に回収されるキャッ

第9話　発展に向けて投資する

シュと現時点で支出するキャッシュは，同じ土俵で比較しないと正確な判断ができなくなります。

　貨幣，つまりおカネの価値は時間の経過ともに変化するものである以上，それを考慮しなくてはいけないということです。この貨幣の時間価値の考え方について見ていくことにします。

　たとえば現在の1万円と1年後の1万円のいずれを好むかと問われれば，おそらくすべての人は現在の1万円を選ぶことになるでしょう。なぜなら，現時点で1万円を手に入れて金融機関に預け入れることで，1年後には1万円の元本に利子が付いて1万円を超える額になっているからです。

　逆に現時点で入手せず1年間待たされるとすれば，利子を受け取る機会を失うことになります。

　そうすると，1年後の1万円の価値は現在の1万円の価値と等しくないことが分かります。異なる時点における貨幣は異なる価値を持つのです。

　貨幣の時間価値を考慮に入れてキャッシュを同じ土俵で評価するということは，発生時点の異なる貨幣額を，その時間差を調整することによって，同一時点（現在の時点，あるいは逆に将来の特定の時点）の価値に換算することなのです。

　いま，手元に100万円あり，利子率が年10％の銀行に預金すれば（最近のデフレからすると非現実的ですが），1年後に受け取る元本と利子の合計は110万円になります。

$$1年後の元本と利子の合計＝100万円＋100万円×10％＝110万円$$

　元本に付与された利子をそのままにして預金を続けるのか，利子分を引き出して元本だけを再び預金するのかによって将来の価値は異なるでしょう。

　前者の考え方を複利計算，後者を単利計算と呼びますが，経営計算では複利の考え方を用いる方が一般的です。

　さて，100万円とか10％のように実際の数字で説明するよりは，記号を用い

て一般化する方が分かりやすいでしょう。

　現在手元にあるお金をP，期間当たりの利子率を i，将来の価値である元本と利息の合計をFとおいて，何年後かを示す数字をFの右下に小さく表示して，3年後まで計算したものを9-1式から9-3式までに示しています。

（9-1）　1年後　$F_1 = P + P \times i = P(1+i)$

（9-2）　2年後　$F_2 = F_1 + F_1 \times i = F_1(1+i)$
$$= P(1+i)(1+i) = P(1+i)^2$$

（9-3）　3年後　$F_3 = F_2 + F_2 \times i = F_2(1+i)$
$$= P(1+i)(1+i)(1+i) = P(1+i)^3$$

　この調子でどんどん続けていくとすれば，n期後の価値F_nは9-4式で表されます。ここで，Fのことを将来価値（future value），または終時価値（final value）あるいは単に終価といい，Pを現在価値（present value）あるいは単に現価といいます。

（9-4）　n年後　$F_n = P(1+i)^n$

（9-5）　$P = \dfrac{F_n}{(1+i)^n}$

　ここまでは，現在価値から終時価値を求めてきました。つまり，今の価値が将来どうなるのかを見てきたことになります。

　今度は逆に，将来の価値が分かっているとして，それが今どれぐらいの価値になるのかを知りたいとしましょう。これは，n年後の将来価値Fから未知数の現在価値Pを求めることに他なりません。Pが知りたいわけですから，9-4式をPについて解けばよいことになり，これが9-5式となります。

　このような考え方に従って，毎期発生するキャッシュフローについて現在価値を求める考え方は，**図表9-2**のように表すことができます。

第9話　発展に向けて投資する

図表9−2　将来のキャッシュフローを現在価値に修正（割引率=10%）

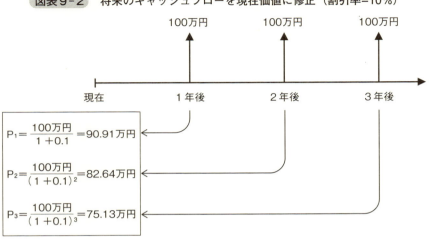

　これまで見てきたように，将来の貨幣額を現在価値に換算することを割り引く（discount）といい，割り引くために用いられる利子率を割引率（discount rate）といいます。
　また，このように貨幣の時間価値を考慮に入れた投資評価法を総称して，ディスカウント・キャッシュフロー法（Discounted Cash Flow method，DCF法）と呼んでいます。次節では，DCF法を用いた投資決定の評価方法について見ていくことにします。

4．投資案件の評価方法

(1) 正味現在価値法

　正味現在価値法（Net Present Value method，NPV法）は，あらかじめ設定された割引率 k を用いて，投資プロジェクトから得られる将来のキャッシュフロー（CF）の現在価値（PV）を求め，これから初期投資額 I_0 を差し引いて正味現在価値NPVを算出します。
　NPVを求めるための計算は9−6式に示しています。NPV法はNPVの額の大

きさを評価の基準とするものです。投資プロジェクトが独立投資であれば，NPV＞0のとき当該投資は採用され，NPV＜0であれば不採用になります。また，プロジェクト間の順位づけにあたっては，NPVの大きいものほど高順位に位置づけられます。

$$(9-6) \quad NPV = PV - I_0 = \left[\frac{CF_1}{1+k} + \frac{CF_2}{(1+k)^2} + \cdots + \frac{CF_n}{(1+k)^n} \right] - I_0$$
$$= \sum_{t=1}^{n} \frac{CF_t}{(1+k)^t} - I_0$$

具体的に数字を入れて見ていきましょう。**図表9-3**に示したように，A，B，Cという異なるキャッシュフローを持つ投資案件（プロジェクト）があるとします。それぞれについて10％の割引率が与えられているとすれば，たとえばNPV（A）は9-7式のように，マイナス18.3と求めることができます。

図表9-3 投資から予想される将来キャッシュフロー(1)

	0	1	2	3	4	5
プロジェクトA	-100	10	20	30	40	10
B	-100	10	20	30	40	50
C	-100	40	30	20	10	50

$$(9-7) \quad NPV(A) = \frac{10}{1+0.1} + \frac{20}{(1+0.1)^2} + \frac{30}{(1+0.1)^3} + \frac{40}{(1+0.1)^4} + \frac{10}{(1+0.1)^5} - 100$$
$$= 9.091 + 16.529 + 22.539 + 27.321 + 6.209 - 100 = -18.311$$

同様に，プロジェクトBは6.526，Cは14.060となります。

A～Cの3つのプロジェクトが独立投資であるなら，NPV＜0であるプロジェクトAのみが不採用となり，BとCが採用されることになります。また，1つしか選べない排他的投資なら，より大きなNPVを有するCのみが採用されることになります。

さて,この例では割引率kを10%に設定したためプロジェクトAのNPVがマイナスになっていました。しかし仮にk=3%とすれば,9-8式に示したように,プロジェクトAのNPVは0.1806と若干ですがプラスとなって,独立投資の下ではAを含めた3案すべてが採用されることになります。

$$(9-8)\quad NPV(3\%)=\frac{10}{1+0.03}+\frac{20}{(1+0.03)^2}+\frac{30}{(1+0.03)^3}+\frac{40}{(1+0.03)^4}+\frac{10}{(1+0.03)^5}-100$$
$$=0.1806$$

このように,割引率が異なればNPVの大きさも異なったものとなり,それゆえ,NPV法では割引率をどのレベルに設定するかが重要な問題になります。

割引率を設定するということは当該プロジェクトに対する収益率の基準を設定していることになりますので,通常は,第10話で取りあげている資本コストをもとに割引率が設定されることになります。

(2) 内部収益率法

内部収益率法(Internal Rate of Return method, IRR法)は,投資によって得られるキャッシュインフローの現在価値の合計PVが投下資本額I_0と等しくなるような割引率rを求め,この値と,あらかじめ設定しておいた切捨率(cut off rate,ハードルレート(hurdle rate)ともいいます)と比較することによって当該プロジェクトの採否を決定するという評価方法です。

$$(9-9)\quad I_0=\sum_{t=1}^{n}\frac{CFt}{(1+r)^t}$$

9-9式のように,キャッシュインフローとキャッシュアウトフローのそれぞれの現在価値の合計を等しくするような割引率rを求めることになります。この割引率rは内部収益率(Internal Rate of Return, IRR)と呼ばれます。独立投資であればIRRが切捨率と同じか上回っている時に当該プロジェクトは採用され,排他的投資の場合は,IRRの大小で優劣を評価します。

図表9-4 IRRを求めるための試行錯誤プロセス

期	キャッシュフロー	試行1回目 割引率=10% 現価係数	現在価値	試行2回目 割引率=20% 現価係数	現在価値	試行3回目 割引率=16% 現価係数	現在価値
0	-400	1	-400	1	-400	1	-400
1	140	0.909	127.27	0.833	116.66	0.862	120.69
2	190	0.827	157.04	0.694	131.94	0.743	141.21
3	210	0.751	157.77	0.579	121.53	0.641	134.55
NPV=			42.08		-29.87		-3.55

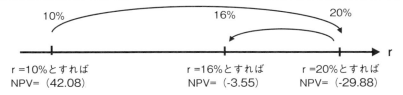

r=10%とすれば　　　　r=16%とすれば　　　　r=20%とすれば
NPV=（42.08）　　　　NPV=（-3.55）　　　　NPV=（-29.88）

　NPV法は，割引率があらかじめ与えられていたのでNPVを求めることができました。一方，IRR法では投資額（I_0）とキャッシュフローの現在価値（PV）を等しくするようなIRRはあらかじめ与えられておらず，したがって試行錯誤を繰り返しながら見つけていくことになります。

　具体的には，与えられたキャッシュフローに対して妥当と思われる割引率を任意に設定しキャッシュインフローとアウトフローの現在価値の差額を計算します。この現在価値の差額がゼロとなるように割引率の値を調整しながら検討の範囲を狭めていき，最終的に解であるrに近づけていくのです。

　試行錯誤の計算プロセスとそのイメージを**図表9-4**に示しています。

　金利計算機能付電卓やコンピュータの表計算のアプリケーション・ソフトにはこの計算プログラムが組み込まれており，手計算によることなく，瞬時にして解を得ることができるようになっています。

(3) 回収期間法

　正味現在価値法や内部収益率法などのDCF法は貨幣の時間価値を考慮に入

れた合理的な投資評価方法ですが，貨幣の時間価値を考慮しない簡便法としては回収期間法があります。

回収期間法（Payback Period method，PP法）とは，投資額を回収するために必要となる期間を評価基準とするものです。この方法における複数の投資プロジェクトの順位づけは，投資額がその後のキャッシュフローによってより早い時期に回収されるものほど高順位となります。

図表9-5を使って，プロジェクトDとEについて考えてみましょう。これらプロジェクトの場合，100の投下資本を回収するために，プロジェクトDが2期間，Eが3期間を要しているのが分かります。

図表9-5　投資から予想される将来キャッシュフロー(2)

	0	1	2	3	4	5
プロジェクトD	-100	10	90	10	0	0
E	-100	20	30	50	10	0

DとEが独立投資であり，仮に4期という回収期間の限度があらかじめ与えられていれば，D，E両方とも採用されることになります。また排他的投資であれば，回収期間が短いDが採用され，Eは不採用となります。

このように，PP法は計算が簡単で分かりやすいという長所がありますが，回収期間後のキャッシュインフローを考慮していないなど，いくつかの問題点を有しています。

しかし，将来発生するキャッシュフローはあくまで評価時点における予測であり，その測定にあたっては遠い将来ほど不確実性は増すことになります。したがって，不確実性を極力回避するため，早い段階での多額のキャッシュフローを重視するPP法はその意味において合理的であり，これが計算の簡便さとともに実務で広く用いられる理由となっています。

ここがポイント！
- 設備投資は投資金額が大きく，その効果も長期にわたるため重要である。
- おカネの価値は，時間とともに変化する。これを貨幣の時間価値という。
- 貨幣の時間価値を考慮したNPV法やIRR法を用いることにより，投資効果を正確に評価できる。

第10話　おカネのコストを意識する

　最終年度に大型投資を織り込んだ新中期経営計画が出来上がりました。巨費を投じるため，長期の借入金だけでなく，株主資本の増強も課題となってきます。そのためにはキチンと利益を計上して，金融機関だけでなく，ベンチャーキャピタル（VC）などのリスクマネーを提供してくれるところから認められる存在にならなくてはなりません。
　そのために経営者自らがコスト意識を高めるべきと常日頃から思っていても，どうしても分からないのがおカネにかかるコスト。どうやって把握し，コストダウンを図るべきなのかが悩みの種でした。
　ヒト・モノ・カネの経営資源の中で，給与などのヒトのコストや原材料などのモノのコストは人件費や原材料費として分かりやすいから，削減目標も立てやすいし，達成度合いの評価も容易。しかし，おカネのコストは分かりづらい。
　そんな船出君に対する教授のアドバイスは，手に入れたおカネについての情報は貸借対照表の右側，つまり資本調達のところに書かれているわけだからその勘定科目を1つずつ具体的に見ていけば良いというもの。借入金を手に入れるために企業が負担するコストは金利，つまり支払利息というように。そう言われると確かに，貸借対照表の中の負債の部にある勘定科目は分かりやすいですが，純資産の部にある株主資本のコストとなると，やっぱり分かりづらい。株主の数が増えてくるに従って，そんなことが気になりはじめていました。

最近，投資したコストを回収できているか気になって仕方がないんです。ヒトやモノのコストは分かっても，カネのコストとなると可視化が難しくて。

コストって，低い方が良いに決まってるはず。だから仮に株主資本のコストが低ければ，そっちで調達した方がコストダウンにつながるかなって。

だから負債よりも株主資本での調達を考えているということですか。本当にそれで良いのですかねぇ。VCなどの投資家は，リターンを得ることが目的だから，投資に対する見返りを要求してくる。いったいどれぐらいの見返りかなぁ。

1．資本コストとは

　経営資源であるヒト・モノ・カネを手に入れるために必要となるコストに関心を寄せることは，経営にとって不可欠なことです。しかし，ヒトやモノにかかるコストは人件費や材料費として分かりやすいですが，おカネにコストがかかっているというのはピンとこないのではないでしょうか。ここでは，おカネにかかるコストである資本コストについて考えます。

　ところで，投資プロジェクトを評価する際に，割引率を用いて将来のキャッシュフローを現在価値に割り引くことは第９話で述べたとおりです。この割引率は次のように使われていました。

1) 割引率で割り引かれたキャッシュフローの正味現在価値（NPV）がプラスであれば，当該投資プロジェクトは採択される。
2) 内部収益率（IRR）が割引率（切捨率）より大きければ，当該投資プロジェクトは採択される。

　企業は投資に必要なおカネを，資本市場（金融市場）を通して複数の資金源泉から調達します。こうして調達されたおカネに対しては，その提供に対する対価を支払わなければなりません。この，資金提供者に対して当該資金の利用にあたって支払われる対価のことを資本コスト（cost of capital）といいます。資本コストは，上で見たような投資プロジェクト採否の判定において，投資と資金調達を結びつける財務的な意思決定の基準として用いられることになります。

　さて，先に掲げられた２つの条件がクリアされていれば，その企業の価値は長期的に上昇すると考えられます。なぜなら，その企業が資本コストを上回る収益をあげているということは，資金提供者に対する対価を超えるリターンがもたらされていることを意味し，こうした高い収益率をもたらす企業の価値は長期的に上昇すると考えられるからです。

逆に，2つの条件が守られないような低い収益率しかもたらさない投資プロジェクトは，企業の価値を押し下げることになるでしょう。この観点からすれば，資本コストは，資金提供者の要求を満たすために必要な，最低限求められる収益率であるということができます。

このように，資本コストが「コスト」という表現をとりながらも，実際には「収益」の概念，すなわち投資収益率の最低限度という意味で用いられることが大きな特徴であるといえます。

資本コストのもう1つの特徴は，「コスト」の概念が，実際に発生する会計的コストではなく，経済的コスト，すなわち機会コストを指すことにあります。このことについて少し詳しく見ていくことにします。

一般に，投資プロジェクトのために調達される資金源泉は複数のルートにわたりますが，このことは逆に，企業の資金調達に応じる資金提供者が複数存在することを意味します。

図表10-1　機会コストの概念

図表10-1のように，各々の資金提供者は他の投資機会を犠牲にして当該企業に資金を提供するのですから，最低限，犠牲にした投資機会から得られたであろう収益率と同等の収益率をあげることを要求するはずです。

機会コスト（opportunity cost）とは，このように，ある投資機会に資金を

提供することによって犠牲にされた他の投資機会がもたらしたであろう便益のことをいいます。資金提供者は経済的合理性にもとづいて行動する以上，犠牲にされる他の投資機会から得られたはずの便益の方が大きければ当該企業に資金を提供しないでしょう。それゆえ，企業にとっては，複数の資金提供者がそれぞれのレベルで要求する収益率の中で最大のものを最低限度の収益率と考えて，それを機会コストとみなすことになります。

2．資本コストの求め方

資金調達に関わるコストである資本コストは，貸借対照表の右側部分に記載されている各種の資金源泉を調達するために要するコストを調達額に応じて加重平均したものとなります。

以降では，図表10-2のように資金源泉を負債と株主資本の2つに分けて，それぞれの代表的な資本コストの求め方についてさらに各々2つを述べた上で，企業全体の資本コストを求めるための加重平均資本コストの考え方について述べることにします。

図表10-2　代表的な資本コストと加重平均資本コスト

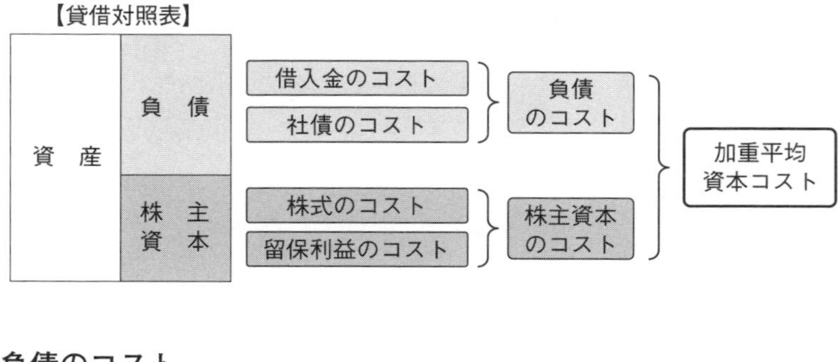

(1) 負債のコスト

負債は借入金と社債に大別されますが，これら有利子負債の利子率が負債のコストとなります。

借入金については，借入時に約定で取り決めた借入金利を資本コストと考え

るのが一般的であり、これは借入れをおこなうにあたって取り交わす契約書に明記されています。

なお、支払利息は課税所得上損金算入が認められるため、税金の節約となって資本コストは低下することになります。負債の利子率をi、法人税率をtとおくと、税引後の借入金コストkdiはkd×($1-t$)で求めることができます。

仮に金融機関から提示された借入金利が5％として、法人税率が40％とすると、税引後の借入金の資本コストは、5％×($1-0.4$)＝3％になります。

次に社債について見ていきます。社債には普通社債、新株予約権付社債など複数の異なる種類のものがありますが、ここでは普通社債を例にとります。

社債も、借入金同様、返済条件が契約で決められた確定利付き負債ですから、社債を発行する企業が提示している利回りが資本コストとなります。また、支払利子は税控除の対象となりますから、節税効果が生まれることになります。したがって、資本コスト算出にあたっては、借入金の時にみたような調整が必要となります。

(2) 株主資本のコスト

株主資本の資金調達源泉は、普通株などの株式の発行と留保利益に分かれます。株主資本の調達コストは、借入金のコストや社債のコストと異なり、明示的には決められておらず、それゆえ、次のような誤解が生じています。

たとえば、普通株の発行については、時価発行増資によって調達される資金に対して、株主に支払われる配当金が相対的に非常に低いことから、株式の発行コストは銀行借入れなどに比べて低いという認識があります。

このように配当利回りの考え方を発行コストの算定基礎とすることは、すでに述べた機会コストの観点からすれば、明らかに誤りです。時価発行増資に応じる投資家の期待収益率こそが、資本コストとして認識されなければなりません。

また、留保利益についても、多くの企業経営者は、無利息・無コストの資金であると考える傾向にあります。これは多分、留保利益が貸借対照表の株主資

本の中に計上されていて，この株主資本が別の名称として自己資本と呼ばれることから，あたかも会社のあるいは経営者の「自己」の資本であるとの認識に起因するものでしょう。しかし，これが誤った考え方であるのは次のことからも明らかでしょう。

つまり，留保利益は，株主が配当として受け取る代わりに企業内部に留保した，株主に帰属する資金であるということです。株主としては，配当として受け取って自分で運用するよりも，企業内部に留保した方がより高い収益を得られると期待しているからこそ，利益が企業内に留保されることに合意したと考えるのが妥当でしょう。

受け取ることができた配当金を自分で運用するのをやめて企業内に留保しておくことに応じたわけですから，この意味において，留保利益も機会コストの性質を持つことになります。

つまり，株式のコストも留保利益のコストも，投資家が他の収益獲得の機会を放棄して当該企業に投資している以上，他の投資機会を上回るだけの収益率を期待することから，それに応えるだけの高い収益率を上げる必要があるということになります。

3．加重平均資本コスト

資金源泉別の資本コストが推計できれば，これらを加重平均することによって企業全体の資本コストを求めることができます。これまで見てきたように，資金調達の源泉は大きく負債と株主資本とに分かれ，このうち負債については税金調整をおこなった資本コストを用いることになりますから，企業の加重平均資本コスト（Weighted Average Cost of Capital，WACC）は10-1式で表されることになります。

$$(10\text{-}1) \quad WACC = k_d(1-t)\frac{D}{D+E} + k_e\frac{E}{D+E}$$

ここで，Dは負債総額，Eは株主資本総額であり，したがって，D＋Eが資

第10話　おカネのコストを意識する

金調達の総額＝総資本（資産）です。また，k_dは負債の資本コストであり，k_eは株主資本コストです。

　加重平均の計算において源泉別の資本コストを重みづけするための比率が得られれば，各資金源泉の資本コストを掛けて，それらを合計することでWACCを求めることができます。各資金調達における資本コストと資金調達総額に占める構成比率を任意に与えたときの具体例を**図表10-3**に示しています（簡略化のために，負債のコストは税効果後を表示しています）。

図表10-3　加重平均資本コスト（WACC）の求め方

	調達金額 （万円）	構成比率 （％）	資本コスト （％）	構成比率× 資本コスト
借　入　金	10,000	20.0	3.0	0.60
社　　　債	5,000	10.0	4.0	0.40
普　通　株	10,000	20.0	10.0	2.00
留　保　利　益	25,000	50.0	10.0	5.00
	50,000	100.0	\multicolumn{2}{c}{WACC＝8.00％}

4．ファイナンシャル・レバレッジ

　すでに述べたとおり，負債は資金提供者にとって確定利付きで元本が保証されたリスクのない資金ですから，負債のコストはリスクのない分だけ株主資本のコストより低くなります。したがって，総資本中に負債が占める割合を高めることで，WACCは低下し，コスト面での有利性は高まることになります。この，企業の総資本に占める負債の割合をファイナンシャル・レバレッジ（financial leverage）といいます。

　負債の割合を高めることで生じるコスト面での有利性が，株主の利益にどのような影響を及ぼすかについて，簡単な例を使って見ていきましょう。

　いま，**図表10-4**のように総資本の規模が同じで資本構成が異なるＸ社，Ｙ社の２社があるとします。少し極端ですが，Ｘ社は負債がなく株主資本の比率

が100％であり，Y社は総資本の半分が負債で残り半分が株主資本という特徴を持っています。両社は資本構成を除けば他の条件はすべて同じであると仮定しましょう。

図表10-4　資本構成が異なるX社とY社

(単位：百万円)

	負　債	株主資本	総資本
X社	0	1,000	1,000
Y社	500	500	1,000

このような特徴を持ったX，Y両社の株主資本利益率（ROE）は，経済状態の変動に対してどのような影響を受けるのでしょうか。

図表10-5は，経済状態の変動として総資本営業利益率（ROA）を代理変数におき，不況時（ROA＝2％），通常時（ROA＝10％），好況時（ROA＝18％）のそれぞれの状態においてROEがどのような影響を受けるかを示したものです。計算にあたっては，負債の利子率を8％と設定しています。

図表10-5　ファイナンシャル・レバレッジの効果

ROA	不況時 2％	通常時 10％	好況時 18％
【X社】			
営業利益	20	100	180
支払利子	0	0	0
経常利益	20	100	180
ROE	2％	10％	18％
【Y社】			
営業利益	20	100	180
支払利子	40	40	40
経常利益	-20	60	140
ROE	-4％	12％	28％

第10話 おカネのコストを意識する

> **コラム** 中小企業のレバレッジ効果
>
> 　少ない株主資本で多くの借入れをおこなった方がレバレッジが効いて，同じビジネスリスクの下では，相対的にROEが高くなります。でも，そもそも中小企業がROEを高くする必要があるのかとの疑問が湧いてきます。
> 　中小企業の場合，株主構成はほとんどが創業起業家やその家族・親戚で占められています。彼らははじめから自分自身，あるいは親族が経営する会社に投資することを決めていたでしょうから，機会コストは考えていないでしょう。
> 　つまり，出資の見返りとして高額のリターンを求めていないことを考えると，株主資本コストは限りなくゼロに近いと考えられます。こうした状況では，ことさらROEを高めることに気を遣う必要がないとも考えられるからです。さらに言えば，レバレッジを効かせてROEを高めることに注力するあまり，負債の割合が増えると倒産リスクは高まることになるのです。
> 　しかし，将来的に株式公開を目指すようなスタートアップであれば，今からでも株主資本のコストを意識し，その要求にこたえるべく高いROEをもたらすようなレバレッジに配慮すべきなのです。

　両社のROEを比べると，好況時にはX社が18％，Y社が28％であり，Y社の方が高くなっています。ところが不況時になると，X社が2％，Y社が−4％となって逆転しています。

　このように，レバレッジの効果は，その時々の経済状態によって変化するROAに依存することになります。ROAは，企業の本来の営業活動における特有のリスクであり，総資本をもとに求められることからも明らかなように，負債や株主資本の割合とは無関係です。このようなリスクをビジネスリスク（business risk）または営業リスクといいます。

　総資本に占める負債の割合が多いことを高レバレッジといいますが，ROAの変動によって営業利益が変化するとき，高レバレッジであるY社の方がROEの変動幅が大きくなっていることが分かります。営業利益の段階ではビジネスリスクに依存する形で同じ変動を示す両社も，レバレッジの効果によってROEの変動幅は異なることになります。

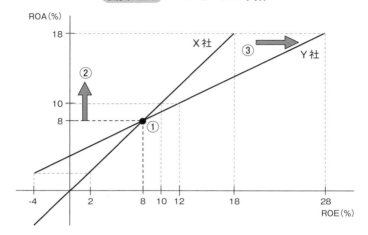

　こうした，資本構成の相違によって生じるリスクを財務上のリスク，あるいはファイナンシャル・リスク（financial risk）といいます。また，このファイナンシャル・リスクが資本構成（レバレッジ）の違いによって変化する現象を，ファイナンシャル・レバレッジの効果といいます。

　図表10-6は，レバレッジの効果を，ROAとROEとの関係で示しています。X社とY社の線が交わる点が8％であり，これは今回設定した負債の利子率と同じです（図の①）。ROAが負債の利子率よりも高ければ（図の②）負債を有するY社のROEが高くなります（図の③）。逆にROAが負債の利子率よりも低ければ，負債を有しないX社のROEの方が高くなります。

　このように，負債の利用はコスト面での有利性を高めROEを上昇させることになりますが，一方でROEの変動幅（リスク）を高めることになります。

　企業が負債の利用コスト（負債の利子率）を上回るROAをあげている時にはレバレッジ効果の有利性を享受できますが，ひとたび不況に陥ってROAが負債の利子率を下回れば，レバレッジの高い企業ほどROEは大きく落ち込むことになるのです。

第10話　おカネのコストを意識する

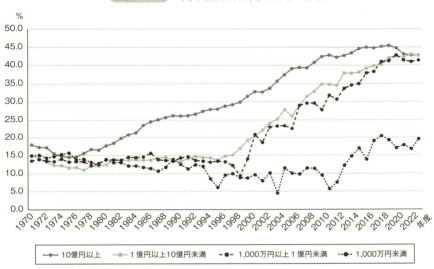

図表10-7　資本金別自己資本比率の推移

出所：法人企業統計年報（各年度版）をもとに作成

　負債の利用によるレバレッジの増大は、ファイナンシャル・リスクを高め、ROEが株主資本の効率的利用度を示す指標であることを考えると、株主にこのリスク負担を強いることになります。

　図表10-7はわが国企業の資本金別の自己資本比率[20]の推移です。これをみると、1970年代の高度経済成長期から1980年代後半のいわゆるバブル経済期を経て、ポストバブルの1990年代後半まで、資本金10億円を超える企業以外は低位で推移していたことが見て取れます。金融機関からの借入れを中心とした間接金融主体の資金調達をおこなってきており、資本構成は高レバレッジの状態にあったといえます。それゆえ高度経済成長期などの好況期では高率のROEをあげてきました。しかし経済成長が鈍化すると、その鈍化の程度をはるかに

---

[20]　自己資本比率は｛(純資産－新株予約権)／総資本｝×100で計算されており、金融業、保険業は含まれていません。

超えて，レバレッジが効くことで急速にROEが低下するというリスクを抱えていたわけです。

1990年代後半から直接金融主体の資金調達にシフトし，低レバレッジに移行してからはファイナンシャル・リスクは軽減されてきています。景気の低迷がROEに与える影響は少なくなりましたが，逆に景気が上昇に転じてもROEは大きく改善しないということになります。一方で，資本金が1,000万円未満の企業では近年に至るまで依然として自己資本比率は低く，高レバレッジの状態が続いているのです。

急速に成長するスタートアップの場合，この例でいうとまさに好況期の状態にあるといえるでしょう。資本構成が高レバレッジの下では高率のROEを挙げることができるわけですが，ひとたび成長が鈍化するとROEは著しく低下することになるのです。

ここがポイント！

☞ 他の経営資源同様，おカネにも，手に入れるための費用がかかっている。これを資本コストという。

☞ 機会収益の考え方を用いれば株主資本のコストは高く，負債のコストは支払利息が節税効果をもたらすこともあって低くなる。

☞ 負債での資金調達はROEの変動幅を増加させ，倒産のリスクが高まることに注意する必要がある。

第11話　企業の価値を測る

　新中期経営計画も順調に推移し，2年目を迎えていました。
　そんな折，最近IPO（株式公開）した企業の経営者による講演と祝賀会があるとの情報を得た教授は，船出君を誘って参加しました。
　起業家の多くが夢見る成功物語。IPOを果たした若き経営者は輝いて見えましたし，体験談も非常に興味深いものでした。しかし，船出君はなんだか腑に落ちない様子です。
　最適資本構成の考え方に基づいて中期経営計画を作りはじめてみたものの，ピンときません。資本構成の意思決定はROEと呼ばれる株主資本利益率を高めることで株価も上昇する。しかしそれは株式を公開している企業に言えること。船出君はIPOを念頭に置いてはいるものの，現時点では経営計画に織り込んでいません。少なくとも今は株価を高めるとか，企業の価値を高めるといったことに配慮する必要はないのではと考えているのです。
　しかし，株主の利益を高めることは株式を公開している企業かどうかということとは関係ありません。株式会社である以上，株主の利益を高めて企業価値を向上させていこうとするのが経営者の役割です。この考え方は，上場，非上場に関わりなく持っていなければなりません。では，株主や企業の価値を高める努力をしたとして，その成果はどのようにして評価されるのでしょうか。
　上場企業なら株式市場で評価された株価をもとに決められるけれども，多くのスタートアップや中小企業は客観的に評価される機会も少ない。だからと言って放ったらかしにしておいて良いわけではありません。近い将来，IPOを考えるときに備えて，考えておく必要がありそうです。

　株主資本の価値を高めるって，上場していない企業にも求められることなんでしょうか。

　株主資本の価値を高めることは企業価値を高めることにつながるし，株式会社である以上，必須でしょうね。

1．なぜ企業価値が重要なのか

　最近，企業価値という言葉をよく耳にするようになってきました。たとえば「わが社はお客様が満足する製品づくりを通じて企業価値の向上を図ります」といった具合です。

　企業価値とは，何なのでしょうか。どのような尺度で測られ，評価されるのでしょうか。そもそも企業はなぜ価値を高める必要があるのでしょうか。これらの問いに対する答えの多くが「企業価値報告書」にあります。

　企業価値報告書は，東京大学の神田秀樹教授（当時）を座長とする企業価値研究会（経済産業省設置の研究会）が2005年5月に取りまとめた報告書です。その趣旨が報告書の「はじめに」に記載されているので，少し長くなりますが以下に引くことにします。

　「企業の価格は企業価値であり，企業価値とは企業が利益を生み出す力に基づき決まる。企業が利益を生み出す力は，経営者の能力のみならず，従業員などの人的資本の質や企業へのコミットメント，取引先企業や債権者との良好な関係，顧客の信頼，地域社会との関係などが左右する。株主はより高い企業価値を生み出す経営者を選択し，経営者はその期待に応えて多様なステークホルダーとの良好な関係を築くことによって企業価値向上を実現する。」（報告書「はじめに」から抜粋）

　図表11-1は日本経済新聞4紙（日本経済新聞・日経産業新聞・日経MJ（流通新聞）・日経金融新聞）で「企業価値」が掲出された回数の推移です。報告書が出るまで世の中の耳目を集めていませんでしたが，一気に知名度が上がり，企業経営にとって共通の目標として認識されるようになったことがうかがえます。その後，リーマンショックで一度は減少しますが，近年においても注目度が高いことがうかがえます。

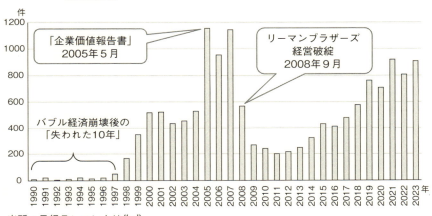

図表11-1 日本経済新聞4紙面での「企業価値」掲出件数

出所：日経テレコンより作成

2．スタートアップの企業価値とは

　企業価値を意識し，企業価値を高める努力をすることは非常に重要なことです。このことはすべての企業に共通していえることですが，スタートアップにとっては，特に重要なのです。なぜなら，今後成長していく過程において，企業価値を正しく評価することが，たびたび求められるようになるからです。

　たとえば，成長に必要な資金需要が生じて，増資をおこなうことを考えてみましょう。投資家に，新たに発行した株式を引き受けてもらって投資してもらうことになりますが，この時の株価は企業価値を根拠に決定されます。増資をおこなうたびに，その時点における企業の価値を評価する必要が生じるのです。

　増資だけではありません。たとえば，他社と合併するとき，会社を第三者に売却するとき，事業を承継するとき，そして株式を公開するときなど，企業価値を評価する機会はたくさんあるのです。

　証券市場で取引されている株式（公開株式）の株価は，たくさんの投資家によって形成される市場原理にもとづき，需要と供給のバランスで決まっていきます。客観性の高い評価であるといえるでしょう。

この株価に発行済株式数を掛けたものを時価総額といいます。時価総額は企業の価格そのものであり，企業を評価する上で代表的で重要な指標となります。
　時価総額は，当然ながら日々の株価の変動によって変化します。また，たとえば企業の合併・買収（Mergers & Acquisitions, M&A）や株式公開買付（Take Over Bid, TOB）などが実施されるときは，そのたびに企業価値の評価が繰り返しおこなわれているのです。
　スタートアップを含めた非公開企業では，客観的な評価にもとづいた株価は存在しません。極論すれば，売り手と買い手が合意さえすれば，それで決まりということです。しかし厄介なことに，当事者どおしが納得していても，税務署から適正でない（合意した価額が高すぎる，あるいは逆に低すぎる）と判断されれば，適正とされる価額との差額に税金を課せられることもあるのです。
　このような事態が想定されるのなら，日頃から「適正」な企業価値を知り，客観性を高めるための方法を知って実践することが重要となります。
　ところで，非上場で時価総額が10億ドルを超え，なおかつ創業10年以下の条件を満たしているスタートアップをユニコーンといいます。伝説の一角獣UNICORNのように，非常にまれな存在であることからその名がついています。株式市場で評価されない非上場のユニコーン企業は，いかにして時価総額を算出しているのでしょうか。上場企業のみならず，非上場企業の企業価値評価も含めて，その評価方法を見ていくことにします。

3．企業価値の評価方法

　客観性を高めて適正な価額を導き出すための具体的方法について考えてみましょう。
　まず個別の評価方法に入る前に，評価の前提となる基本的な考え方によって，評価基準ごとに分類すれば，コストアプローチ，マーケットアプローチ，インカムアプローチの3つに分けることができます。
　コストアプローチは，直訳すれば「費用からの接近」です。つまり，評価にあたって，今この企業を手に入れようとすればどれぐらいの費用がかかるのだ

ろうかとの発想から価値を求めようとする考え方です。

マーケットアプローチは，同様に「市場からの接近」です。評価対象の企業と似通った企業が株式市場に存在しているとすれば，そこで決定されている企業価値を参考にして導き出そうとする考え方です。

インカムアプローチは，「収益（性）からの接近」です。この考え方は，評価対象の企業が今後どれだけ収益をもたらすか，言い換えれば儲けてくれるのかを検討して，その収益に相応しい価値を付与するものです。

これら３つのアプローチについて，それぞれに該当する評価方法や特徴は図表11-2にまとめていますので，以降では具体的な評価内容について見ていくことにします。

図表11-2　企業価値の評価方法

分類	コストアプローチ	マーケットアプローチ	インカムアプローチ
評価方法	簿価純資産法 時価純資産法 修正時価純資産法	類似企業比準法 類似業種比準法 をもとにしたマルチプル法	割引キャッシュフロー法 経済付加価値割引法 配当還元法
算出基準	企業が有する純資産をもとに評価	上場している類似企業の株価や過去の評価事例を参考に倍率を求めて算出	企業が将来生み出すキャッシュフローの現在価値などにもとづいて評価
特徴	計算が簡単で恣意性が入りにくいが，現在の資産価値だけに着目しており将来の発展可能性を評価できない	ストックだけでなくフローの側面からも評価している。計算が簡単であるが，類似企業の選定に恣意性が入りやすい	将来の収益力やキャッシュフロー，付加価値を重視している点でスタートアップに相応しい評価法だが，将来予測や割引率の設定で恣意性が入りやすい

(1) コストアプローチ

コストアプローチによる評価では，貸借対照表を用います。第３話で述べたとおり，貸借対照表はある一定時点での会社の財政状態を表しています。

つまり，会社が持っている資産（財産）が示されているので，その会社の価

値は資産（財産）を手に入れるために必要な額と等しいと考えるのです。その上で，企業が有している負債を差し引いた残高が純粋な企業価値ととらえます。これが，純資産法です。

　貸借対照表に記載されている簿価をもとにしたものを簿価純資産法といい，時価をもとにしたものを時価純資産法といいます。

　コストアプローチは貸借対照表をもとに企業の一定時点（ストック）を評価している点で客観性が高いと言えますが，今後の成長が期待されるスタートアップの「これから」が評価の対象になっていないという問題点もあります。

(2) マーケットアプローチ

　マーケットアプローチによる評価として，類似企業比準法と類似業種比準法があります。上場企業の中から良く似ている企業（業種が似ている企業）を選び出し，類似企業の株価や各種財務数値をもとに，その企業の企業価値が当該値の何倍にあたるのかを示す倍率（multiple：マルチプル）を求めます。そして，そのマルチプルを評価対象企業の株価や各種財務数値に掛け合わせることによって，参考とすべき企業価値を算出するのです。マルチプルによる企業価値評価の代表的なものを詳しく見ていくことにします。

１）EBITDAマルチプル

　EBITDA（Earnings Before Interest, Tax, Depreciation and Amortization）はEBITにDAを加えたものです。EBITは税引前・金利支払前利益のことで営業利益と等しくなります。これに有形・無形資産の減価償却であるDとAを加えたものがEBITDAですから，営業利益＋減価償却費となって，本業でのキャッシュの創出力を表しています。

　類似企業B社の企業価値（時価総額）をEBITDAで割って倍率（w）を求めて，この倍率を評価対象企業A社のEBITDAに掛けて企業価値を求めます。11-1式で具体的な求め方を示しています。

第11話　企業の価値を測る

$$(11\text{-}1) \quad \text{EBITDAマルチプル（倍）} = \frac{\text{B社の企業価値}}{\text{B社のEBITDA}} = w\text{倍}$$
$$\text{A社の企業価値} = \text{A社のEBITDA} \times w$$

2）PERマルチプル

　損益計算書から得られる，利益に関する情報をもとにマルチプルによって株価を求めようとするものです。この指標の代表的なものにEPS（Earnings Per Share，1株当たり当期純利益）があります（11-2式）。EPSは1株当たりに分配される利益の額を示していますから，1株当たりの価値であり，株価に等しいと考えることができますが，実際の株式市場ではEPSを上回る株価で取引されている場合がほとんどです。当該株式が1株当たりの当期純利益に対して何倍の株価で取引されているかを示す指標がPER（Price Earnings Ratio，株価収益率）です（11-3式）。この指標をマルチプルとしてA社の株価を求めようとするのがPERマルチプルです。11-4式で具体的な求め方を示しています。

$$(11\text{-}2) \quad \text{EPS} = \frac{\text{当期純利益}}{\text{発行済株式数}}$$

$$(11\text{-}3) \quad \text{PER} = \frac{\text{株価}}{\text{EPS}}$$

$$(11\text{-}4) \quad \text{PERマルチプル（倍）} = \frac{\text{B社の株価}}{\text{B社のEPS}} = y\text{倍}$$
$$\text{A社の株価} = \text{A社のEPS} \times y$$

3）PBRマルチプル

　貸借対照表から得られる，資産に関する情報をもとにマルチプルによって株価を求めようとするものです。この指標の代表的なものにBPS（Book-value Per Share，1株当たり純資産）があります（11-5式）。BPSは1株当たりに分配される会社の財産，資産の額を示していますから，1株当たりの価値であり，株価に等しいと考えることができますが，実際の株式市場ではさまざまな思惑が入り混じって株価が形成されています。当該株式が1株当たりの純資産に対して何倍の株価で取引されているかを示す指標がPBR（Price Book-value

> **コラム** PBRが1未満の会社
>
> 　PERやPBRは株式投資を行う際の，投資尺度としても重要な指標です。PERは当該株式が1株当たりの当期純利益に対して何倍の株価で取引されているかを示す指標で，理論的には，PERが高いとその会社が稼ぐ収益に対して株価が過大評価されているという観点から株価下落圧力が強まり，逆の場合は上昇傾向となります。PBRは当該株式が1株当たりの純資産（株主資本）に対して何倍の株価で取引されているかを示す指標で，仮に会社が解散した時に株主に分配される金額を意味し，これも理論的ではありますが，PBR＝1倍の時，株価は解散価値に等しいと見ることができます。さらに1倍未満であれば，株価が安すぎて，時価総額が企業の純資産よりも低い状態になっていて，上場を続けるよりもすぐに会社を解散して資産を株主で分けたほうがいいことを意味します。こうした会社が注目される理由のひとつに，M&Aの標的になりやすいことが挙げられます。
>
> 　東京証券取引所の市場再編以降の各市場でのPERとPBRの推移をみると，スタンダード市場でPBRが1倍未満の企業が多いことが分かります。株価を高める努力が求められているといえるでしょう。
>
> | 年 | プライム市場 会社数 | PER | PBR | スタンダード市場 会社数 | PER | PBR | グロース市場 会社数 | PER | PBR |
> |---|---|---|---|---|---|---|---|---|---|
> | 2022 | 1,821 | 20.4 | 1.2 | 1,454 | 21.7 | 0.7 | 458 | 59.0 | 3.7 |
> | 2023 | 1,824 | 15.0 | 1.2 | 1,438 | 13.5 | 0.8 | 519 | 64.7 | 4.0 |
> | 2024 | 1,641 | 17.9 | 1.4 | 1,600 | 14.9 | 0.9 | 572 | 44.6 | 3.2 |
>
> 注：各年4月末日のデータ
> 出所：日本取引所グループ統計資料「規模別・業種別PER・PBR（連結・単体）一覧」

Ratio，株価純資産倍率）です（11-6式）。この指標をマルチプルとしてA社の株価を求めようとするのがPBRマルチプルです。11-7式で具体的な求め方を示しています。

$$(11\text{-}5) \quad BPS = \frac{純資産}{発行済株式数}$$

$$(11\text{-}6) \quad PBR = \frac{株価}{BPS}$$

$$(11\text{-}7) \quad \text{PBRマルチプル（倍）} = \frac{\text{B社の株価}}{\text{B社のBPS}} = Z \text{ 倍}$$

$$\text{A社の株価} = \text{A社のBPS} \times Z$$

　このようにマーケットアプローチは，不特定多数の投資家から市場で評価を受けた上場企業の株価等を参考値としている点で，説得力に富み，客観性も高いと考えられますが，そもそも革新的なビジネスモデルゆえにスタートアップとして成長してきた企業に「良く似た」会社が他にあることを前提としている点が問題として指摘されています。

(3) インカムアプローチ

　インカムアプローチは，評価対象企業が将来にわたって生み出すことになるであろうキャッシュフローを一定の割引率で割り引いて現在価値を求め，これを企業価値とする方法です。評価対象企業の「これから」を考慮に入れた考え方といえます。第9話で見たように，ディスカウント・キャッシュフロー法（Discounted Cash Flow method, DCF法）の考え方を用いて，11-8式のように求めます。

$$(11\text{-}8) \quad \text{企業価値} = \frac{CF_1}{1+\text{WACC}} + \frac{CF_2}{(1+\text{WACC})^2} + \frac{CF_3}{(1+\text{WACC})^3} + \cdots + \frac{CF_n}{(1+\text{WACC})^n}$$

　成長が期待できるスタートアップの評価としては相応しいと言えるでしょう。しかし，インカムアプローチでも万能というわけではありません。

　たとえば，将来のことを正確に予測することは不可能です。歴史を重ねた企業なら，これまでの経験から最も起こりうる可能性の高い予測をおこなうことはできるかもしれません。しかし，実績に乏しいスタートアップの「これから」を予測することは困難を極めるでしょう。

　また，将来のキャッシュフローを現在価値に割り引くための割引率は通常，第10話で見たようなWACC（加重平均資本コスト）を用いますが，特にアーリーステージでのスタートアップの場合，このWACCの信頼性に疑問が生じ

ることもあります。

4．経済付加価値による評価

　最後に，これまでの3つのアプローチ以外の，異なる観点からの企業評価の考え方である経済付加価値について触れたいと思います。

　経済付加価値（Economic Value Added：EVA®）は，アメリカのスターン・スチュワート社が考案した企業評価の指標で，この言葉自体が登録商標となっています。以下では，最近頻繁に使われるようになっているEVAという呼称を一般名詞的と捉えて，単にEVAと表記しながら述べていくことにします。

　第9話で見た割引キャッシュフローは，企業評価の拠りどころとなる利益はキャッシュフローで計上されるべきであるという考え方にもとづくものでした。EVAではさらに，企業の真の利益とは，企業が使用する総資本のうち，有利子負債のコストだけを差し引くのではなく，株主資本コストも差し引いて算出すべきであるとします。

　この，経済的に見て真の利益を計上している企業こそが，株主価値を増加させている企業であり，価値を創造している企業であると考えるのです。EVAは11-9式のように求められます。

　　（11-9）　EVA＝NOPAT－資本費用＝NOPAT－投下資本×WACC

　NOPAT（Net Operating Profit After Tax：税引後営業利益）とは，会計上の利益額に修正を加えることによって経済的な利益に変換させたものです。税引後利益に税引後有利子負債費用を加えたものになります。

　このようにEVAは，税引後利益からさらに株主が要求する最低額の収益を資本費用として捉え，それを控除してもなおプラスとなる利益のことを指しています。こうした利益が毎期計上できていれば，企業の価値は向上することになります。

　将来にわたって得られるであろうEVAをWACCによって割り引いたものが

第11話　企業の価値を測る

> **コラム**　EBITDAとNOPAT
>
> 　NOPAT（本文146頁参照）は聞きなれない言葉ではないでしょうか。財務や会計の分野で世界的なコンバージェンス（収斂していくようす）の必要性が叫ばれて久しいですが，NOPATもそんな中で取り入れられてきた，日本のこれまでの財務諸表にはなかった概念です。
> 　NOPATを日本の財務諸表をもとに近似的に表現しようとすれば，税引後利益に税引後有利子負債費用を加えたものとなります。あくまでイコールではなく，近似的な意味として扱われています。
> 　NOPAT以外にも，経営分析の際によく使われる指標として，EBITDA（Earnings Before Interest, Tax, Depreciation and Amortization：税引前金利減価償却費差引前利益）というものがあります。最後のAmortizationは無形固定資産や繰延資産の償却のことですから，日本語訳では一括して償却資産と表現している場合が多いようです。EBITDAから「D」と「A」を外したEBITや，「A」だけを外したEBITDなどもよく使われています。なお，EBITから「T」を差し引くとNOPATになります。

市場価値ベースの付加価値であり，市場付加価値（Market Value Added：MVA）と呼ばれます。MVAは11-10式のように求められます。そして，このMVAに，投下した資本の額を加えたものが企業の市場価値となります（11-11式）。

(11-10)　$\mathrm{MVA} = \sum_{t=1}^{\infty} \frac{\mathrm{EVA}_t}{(1+\mathrm{WACC})^t}$

(11-11)　企業の市場価値 = MVA + 投下資本 = $\sum_{t=1}^{\infty} \frac{\mathrm{EVA}_t}{(1+\mathrm{WACC})^t}$ + 投下資本

　割引キャッシュフローによる評価は，将来にわたってもたらされる期待キャッシュフローの現在価値の合計が企業価値であるとする，ファイナンスの考え方に合致した合理的な評価方法であるといえます。しかし，設備投資をおこなった当該期に投資額の全部を認識することになりますから，そのことでフ

リーキャッシュフローが低下したりマイナスになったりすることがあります。

　設備投資は，将来的な企業価値を高めるためにおこなわれるものであるにもかかわらず，当該期に限れば過小評価されてしまうということにもなりかねません。つまり，割引キャッシュフローによる評価は，単年度ごとに企業評価をおこなう場合，適切な方法とは言えないことになります。

　この点，EVAは，資本費用という形で設備投資に関わるコストを各期に按分していますから，単年度ごとに正確な企業価値の算出が可能となるのです。わが国においても優良企業を中心に，EVAによる業績評価システムを導入している企業が増えてきているのは，毎期の業績を企業価値として正確に把握するという目的に合致しているからだといえるでしょう。

ここがポイント！
- ☞ スタートアップが成長していく過程において企業価値を評価する機会が増えてくる。
- ☞ 自分の会社の企業価値を知っておくことが重要である。
- ☞ 評価方法には，コストアプローチ，マーケットアプローチ，インカムアプローチがある。

第12話　株式の公開を目指す

　起業家たちの生息地（habitat for entrepreneur）として，アメリカのシリコンバレーが有名です。アメリカ全土からカリフォルニア州サンノゼ市近郊のシリコンバレーに集い，そこで生まれた多くのスタートアップがIPOを果たして次世代を支援する。大学をはじめとする教育・指導育成機関，商工会議所などを中心とした産業界やNPOなども潜在的起業家の輩出に大きく貢献しているのです。
　教授の大学にある掲示板にも，起業家の講演会やセミナーを告知するポスターが貼られていますが，基調講演者やパネルディスカッションのパネラーとして船出君の名前を目にすることが多くなってきました。
　船出君は起業家志望の若者に対してどんなメッセージを発信しているのだろう。そもそも，人前でどんな内容の話をするのだろう。息子の授業参観に参加する父親のような気分で，そんなセミナーのひとつに参加してみることにしました。そこではアメリカを中心に株式公開によって大きく成長した企業，時価総額を高めてユニコーン企業へと成長した企業の経営者に交じって熱弁をふるう船出君の姿がありました。

最近金融機関主催の起業家セミナーに呼ばれるようになってきました。会社で従業員を集めて自分の考えを話すときの役に立っています。

立派な講演会でしたよ。船出君と同年代の若い人が多いのかと思っていましたが，年配の聴講者も多くいましたね。

証券会社やベンチャーキャピタルの方々です。彼らから株式公開の話を聞くうちに，自分自身もIPOに関心を持ちはじめています。

いいですねぇ。私はスタートアップの定義を「金融機関やベンチャーキャピタルが関心を寄せる会社」って言ってます。その点，立派なスタートアップですね。

1．株式を公開する

　企業の成長にともなって事業規模が拡大すれば，事業に必要な資金の額も増加していきます。株式会社がこのように多額の資金を必要とするとき，自社の株式を広く不特定多数の投資家に公開することによって資金調達をおこないます。近年ではスタートアップを対象とした新興資本市場が整備され，創業間もない企業でも株式公開の道が開かれるようになってきています。

　ここでは，この株式公開に焦点を当て，公開することで得られるメリットや留意点，資本市場の概要などについて述べていきます。

　株式会社は非公開企業（private company）と公開企業（public company）とに二分されます。非公開企業は，創業者やその関係者などの限られた人たちが株主であって，その企業の株式が市場で取引されていない企業です。

　一方，公開企業とは，広く不特定多数の投資家が株主であって，株式が市場で取引されている企業のことをいいます。非公開企業は，株式を公開することによって公開企業となります。この株式公開のことをIPO（Initial Public Offering）といいます。

　株式を公開することによって得られるメリットとして，一般的には以下のようなものが挙げられます。

- 資金調達力が増大する
- 株式の資産価値が高まる
- 信用力と知名度が向上する
- 経営管理体制の充実が図られる
- 創業者が多額の株式売却益を得られる

　一方で，株式公開にあたって留意すべき点としては，次のようなものがあります。

- 莫大なコストが発生する
- 企業内容の開示義務が生じる
- 買占め・乗っ取りの危機にさらされる

- 同族経営の維持が困難になる

　IPOは狭義には直訳どおり「初めて（株式を）公に（対して）売りに出す」ことですが，広義には，株式の売り出しに加えて，証券取引所に上場されるところまでを含めたものとして認識されます。通常は売り出しの翌日に上場して証券取引所での取引が可能になります。

　では，IPOと上場は同じ意味で使っていいのでしょうか。

　結論から言うと，現在では，IPOと上場は同じと考えて差し支えありません。「現在では」と但し書きをつけたのは，以前は，株式公開には上場と店頭登録が存在していたからです。

　店頭登録とは，1963年に日本証券業協会が創設した制度で，1983年にスタートアップや成長企業向けの市場として整備されてジャスダックと呼ばれるようになりました。ジャスダックは店頭売買証券市場（店頭市場，店頭登録市場）であって証券取引所ではなかったため，ジャスダックに株式を公開することを，上場ではなく，店頭公開といっていました。

　その後，2004年に証券取引所に関する免許の交付を受けて，名称をジャスダックからジャスダック証券取引所へ変更し，業態を店頭売買市場から取引所市場へと転換しました。これによって，企業が株式を公開する場所はすべて証券取引所となったため，IPOと上場は同じ意味で使われるようになりました。

2．どこの株式市場を目指すのか

　単に上場という表現をとる場合，それは証券取引所への株式上場を意味します。株式の発行会社が証券取引所に申請をおこない，審査を経て，証券取引所で売買できるようになります。

　この証券取引所は2022年4月に再編されて，大きく変わりました。

　それまで，東京証券取引所には「市場第一部」「市場第二部」「マザーズ」「ジャスダック（スタンダード，グロース）」の4つの市場区分がありました。

　東証マザーズは，1999年に創設された，スタートアップに向けた市場でした。以前の日本ではスタートアップが上場するためには約30年かかると言われてお

> **コラム** NASDAQ
>
> ジャスダックはアメリカのナスダック（National Association of Securities Dealers Automated Quotation：NASDAQ）の日本版です。ナスダックは「（アメリカの）全国証券業協会（が開発したコンピュータによる）自動気配相場（通報システム）」とでも訳せば良いでしょうか。
>
> もともとナスダックは1971年にアメリカの店頭取引企業の株式をコンピュータで取引することを可能にしたシステムですが，中小の証券会社がこのシステムを使ってスタートアップを中心に取引を拡大させていきます。この結果，ナスダック市場がスタートアップにとって資金調達の場として注目されるようになりました。
>
> たとえば，小規模なスーパーマーケットの中の小さな商店が成長すると，出店先をよりお客さんが多く見込める大規模なショッピングモールへ移転するでしょう。アメリカならニューヨーク証券取引所，日本なら東京証券取引所が，最終的に目指すショッピングモールといえます。
>
> しかし，マイクロソフトやインテルといった世界的巨大企業は，創業当初にナスダックで株式を公開して以来，現在に至るまでナスダックに留まり続けています。より大きな取引所ではなく，店頭市場に留まっているのは，ナスダックがスタートアップやいつまでもアントレプレナー精神を持ち続けて成長を目指す企業にとって特有のメリットを提供してくれているからだと言えるでしょう。

り，アメリカの約10年と比較して長期間を要するという実態がありました。これを是正して，社歴は浅いものの，高い成長が見込まれるスタートアップに資金調達の機会を提供しようとして創設されたのが東証マザーズです[21]。

マザーズ以外のスタートアップ向け市場として，JASDAQ（ジャスダック）がありました。ジャスダックは，もともと店頭売買市場として本則市場の補完

---

21) これに合わせる形で，地方の証券取引所においても，スタートアップ向けの新市場が相次いで創設されました。ヘラクレス（大阪，2000年ナスダック・ジャパン開設，2002年改称），アンビシャス（札幌，2000年），ネクスト市場（名古屋，1999年セントレックス開設，2022年改称），Q-Board（福岡，2000年）。

第12話　株式の公開を目指す

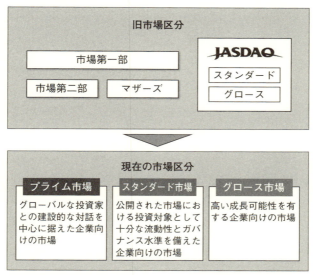

図表12-1　東京証券取引所の市場区分の見直し

出所：日本取引所グループホームページ「市場構造の見直し」

的立場を担っていましたが，マザーズをはじめとする新興市場が開設されることになり，ジャスダック取引所として整備され，その後2013年には東京証券取引所に統合されることになりました。その結果，東証にはマザーズとジャスダックという2つの新興市場が存在する形となったのです。

このように変化してきましたが，各市場区分のコンセプトが曖昧で分かりづらいなどの問題点が指摘されてきました。そこで東証は，市場区分の見直しに向けた検討を進め，2022年4月に，**図表12-1**のように，「プライム市場」「スタンダード市場」「グロース市場」の3つの区分をスタートさせました。

「プライム」は，従来の市場第一部とイメージが近く，「スタンダード」は従来の市場第二部やジャスダックのスタンダードに近いものとなっています。

そして「グロース」は，ジャスダックのグロース，東証マザーズのように高い成長可能性がある企業向けの市場となっています。

従来のスタートアップによるIPOは，まずはマザーズやジャスダックへの上

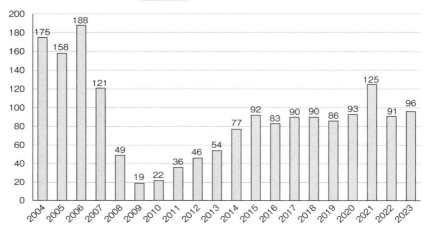

図表12-2 IPO企業数の推移

出所：ディスクロージャー実務研究会編『株式公開白書』プロネクサス，各年版。帝国データバンクBusiness View「2023年のIPO動向」

場が中心で，そこから第二部を経て第一部を目指すというイメージでしたが，「新たな3つの市場区分に階層はなく横並びで独立。企業価値向上に取り組んでいく上で，自社に適した市場区分を会社自身で選んでもらいます」（東京証券取引所『まるわかり起業＆IPO』日本経済新聞出版）とのことからも分かるように，新しい市場区分では必ずしも従来のような経路でステップアップしていくスタイルではないようです。とはいえ，各市場の上場基準を見るとスタートアップはグロース市場から始めてスタンダート，プライムへ移行する道を歩むことになるだろうと思われます。

図表12-2はIPO企業数の推移を示しています。2008年のリーマンショックによる金融危機でIPO企業数は大きく落ち込みましたが，その後徐々に回復してきていることが分かります。しかし，2006年のピークまでは回復できていません。経済環境が株式市場の活況に少なからず影響を及ぼしているとしても，より多くのスタートアップがIPOを果たして資金調達が可能となる環境を確立することが重要であると思われます。新興市場のさらなる発展のためには，ス

タートアップによる積極的な情報開示と，投資家側のスタートアップに関心を寄せる姿勢の両方がさらに求められるといえるでしょう。

3．株式の売り出し

　冒頭で分類した狭義のIPOと広義のIPOに従い，株式公開のプロセスを株式の売り出しを中心にして見ていくことにします。

　まず狭義の株式を「売りに出す」段階ですが，IPO企業が売却できる株式には2種類あります。IPOにあたって新たに発行した株式と，創業者などがもともと所有していた株式です。前者を「公募」，後者を「売出」といいます。

　公募は，会社が発行した新たな株式に対して投資家がお金を払い込んでくれるものであり，そのお金は資本金として会社のものになります。つまり，増資です。

　売出は，創業者などの個人やベンチャーキャピタルが所有していた株式を売却するのですから，おカネは株式を売却した個人や会社のものになります。

　IPOのメリットのひとつとして，創業者の株式売却益（キャピタルゲイン）を挙げましたが，このメリットを享受しようと「売出」ばかりしていたのでは，もうひとつの，おそらくもっとも重要なメリットである会社の資金調達に資するものにはならないでしょう。一方で，「公募」として売却する株式を多くし過ぎると，創業起業家の持株比率が低下するなどの問題が生じてきます。

　公募と売出の比率をどうするかは，非常に重要な意思決定事項なのです。

　公募や売出によって売却される株式は，証券会社を通じて投資家へ販売されます。この証券会社を引受証券会社，あるいはアンダーライター（underwriter）と呼びます。

　アンダーライトには，経済行為として「引き受ける」とか「保証する」という意味がありますから，第三者割当増資で発行した公募分と創業者などが所有していた売出分の株式を引き受けて，責任を持って投資家へ販売するのです。仮に売れ残った場合は，引受証券会社が売れ残った株式の引き取りを保証します。

売れ残りの株式など，証券会社としてはできれば抱え込みたくないはずです。このようなリスクを避けるために，異なる販売ネットワークを持つ証券会社に声をかけることも考えられます。つまり，複数の証券会社で引受業務をおこなうのですが，これは珍しいことではありません。複数社のうちで中心的な役割を担うのが主幹事と呼ばれる証券会社です。

ところで，売却される株式が新しく発行されたものなのか創業者が古くから持っていたものなのか，つまり公募なのか売出なのかは，投資家には分かりません。少し乱暴な言い方をすれば，どうでもいいことなのです。なぜなら，異なる2種類の株式であっても，投資家が買い取る価格は，これを公募価格といいますが，同じだからです。

たとえば「公募30万株，売出5万株，合計35万株を公募価格1株6,500円で売る」との情報が投資家に流れ，興味がある投資家は「1株6,500円で買う」ことについて購入申し込みをするだけでだからです。

ちなみにこの例の場合，申し込みが35万株を下回ったときは売れ残り，上回ったときは抽選になります。

4．公募価格の決定

さて，先程の例では公募価格を1株6,500円に設定していました。このような公募価格は，主幹事証券会社が「ブックビルディング方式」と呼ばれる方法によって決めています。

主幹事証券会社は，たぶん，最もIPO予定の企業との付き合いが長く，したがってこれまでの業績を中心とした会社のことを良く知っているでしょう。加えて，これまでの実績を踏まえた上で，その会社が今後どう成長していくかについても，最も的確な判断を下せる立場にあるといえるでしょう。このことから，主幹事証券会社がIPO予定企業の株式の価値を判断するのに最もふさわしいことになります。

次はブックビルディング方式について説明します[22]。

わが国におけるブックビルディング方式では，まず主幹事引受証券会社が機

関投資家の意見を参考に募集仮条件と呼ばれる価格を設定します。

仮条件では上限価格と下限価格が示され，幅を持たせたものとなっています。仮条件の範囲内で投資家から購入意欲をヒアリングし，いくらで何株買いたいかという投資家の需要を積み上げていきます。

最後に，この需要状況や上場までの価格変動リスクを勘案して，主幹事引受証券会社とIPO企業が協議の上，公募価格を決定します。

5．上場後の評価

通常，株式の売却がおこなわれた翌日に，証券取引所に上場します。広義には，ここまでをIPOといいます。上場することによって，世界中の，不特定多数の投資家から評価を受けることになります。

この，市場で形成された上場後に初めてついた株価を「初値」と言います。初値は投資家，つまり市場が評価したIPO企業の価値であると言えます。

このように，広義のIPOが完了した時点で，IPO企業には2種類の株価が存在することになります。「公募価格」と「初値」です。

初値が公募価格を上回った場合は，IPO企業が市場で高く評価されたと見ることができます。創業者や経営幹部にとっては，自社が高く評価されるのは嬉しいことに違いありません。しかし，逆の見方をすれば，そもそも公募価格の設定に問題があり，公募価格が低すぎたからではないかと言えなくもありません。

初値が「適正」な価格だと仮定すれば，IPO企業は損をしたことになります。損をしたという表現は正確ではなく，本来得られるべきものを手に入れられなかったというべきでしょう。つまり，本来なら，

22）　現在ではすべての企業がブックビルディング方式を採用していますが，それ以前は「入札方式」が採られておりさらにそれ以前は「類似会社比準方式（固定価格方式）」が主流を占めていました。ブックビルディング方式へ移行した主たる根拠が「海外（アメリカ）ではこれが主流だ」というものでしたが，グーグルのIPOでは入札様式を採用していることに鑑みると，わが国でもブックビルディング方式に固執する必要はないと思います。

（初値－公募価格）×売却株式数

の分だけ余分に資金調達できていたはずなのです。

　このように公募価格が過小評価されていることを，アンダープライシングといいます。

　アンダープライシングになれば，IPO企業としては主幹事引受証券会社に文句のひとつでもいいたくなるぐらい腹立たしいはずです。ところが，テレビで上場初日のスタートアップの社長を見ると，皆さん嬉しそうにしています。

　もちろん，創業以来目標にしてきた上場というマイルストーンに到達した達成感からくる笑顔もあるでしょうが，やはり自社を高く評価してくれることは喜ばしいことなのでしょう。

　また，株式市場が活性化していて，IPO企業に関心を寄せてくれる投資家が多いことはすべてのスタートアップにとっても喜ばしいことだと言えるでしょう。

　ところが，近年では初値が公募価格を下回るIPOが散見されるようになってきました。アンダープライシングの逆の現象になっているのですが，この観点からすれば，IPO企業は十分な額の資金調達ができて満足であると考えることも可能でしょう。

　しかし，上場前日に株式を買った投資家は，初値で売ると損をしてしまうことになります。投資家が公募価格で手に入れた株式を，上場後の初値で売却した時に得られる収益率を初期収益率と言いますが，**図表12-3**から分かるように，初期収益率がマイナスとなる企業の割合が一時期低位で推移してきたものが，近年また多くなってきているのです。こんな状況が続くと，損をする可能性が高い株式を買う投資家はいなくなってしまいます。つまり，公募ですべての株式が売りさばけなくなるでしょう。

　売れ残りを避けたい主幹事引受証券会社はリスクを避けようと，引き受けそのものをおこなわなくなってしまうかもしれません。スタートアップにとって

IPOへの道が遠ざかってしまうことになりかねないのです。

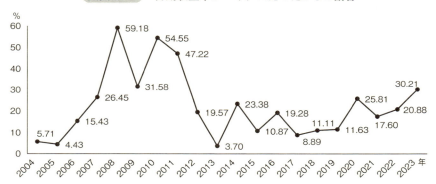

図表12-3 初期収益率がマイナスだったIPOの割合

出所:「庶民のIPO」(https://ipokabu.net/whats/first.html)等のデータから筆者作成

ここがポイント!
☞ 株式公開には,資金調達力の増大をはじめ,多くのメリットがある。
☞ 一方で,株式の買占めや企業の乗っ取りなどの危機にさらされるなど,留意すべき点が多く存在する。メリットと照らし合わせて,株式公開の必要性を総合的に判断する必要がある。
☞ 株式公開時の初値が公募価格を上回れば,IPO企業が株式市場で高く評価されたといえる。ただし,公募価格がそもそも低く設定されていたとも判断でき,この場合IPO企業は本来調達できる資金を逃したと見ることもできる。

第13話　M&Aで時を買う

　船出君の周りでIPOの話が騒がしくなってきていました。
　起業した時からいつかはIPOと思ってがんばってきましたが，最近ようやくそれが現実味をおびてきたと感じていました。起業したいとの思いから教授の研究室に最初に訪れてから，2つの経営計画を経て8年が経っていました。
　自分が創った会社だから，分身だから，いつまでも創業時のような家族みたいな関係でいたいという思いと，法人化した段階で正確には「自分のモノ」ではなくなったという事実の狭間で今後の成長戦略作りに揺れ動いていました。
　IPOを成し遂げれば，資本金も大幅に増えて，従業員も優秀な人材が入ってくるようになる。でも，創業当時のメンバーが出資した額は相対的に低下していくし，優秀な人材とはいえ創業時に苦楽を共にした同志とは違う。IPOして成長していく先にある会社の将来像，つまりこの先のビジョンが見えない。いや，船出君なりのビジョンは見えていても，IPOで増加する株主との間でビジョンの共有ができるのだろうか。そんな時，会社を売らないかって話が舞い込んできました。
　さまざまな方法で会社を売ったり買ったりすることを総称してバイアウトと言いますが，M&Aもそのひとつです。経営理念を理解し，これまでの経営スタイルを踏襲してくれる企業へ引き継がれるのであれば，ビジョンの共有も不可能ではない。一方で，ここまで育て上げてきた自分の分身を，そんなに簡単に売ることができるのか。一緒にがんばってきた従業員と別れることができるのか。周りから薄情な人間と言われるのではないか。
　そんな思いを教授にぶつけたら，帰ってきた言葉は意外なものでした。

> 薄情だなんて，誰もそんなことは思わないでしょうね。むしろ，船出君が創り上げた会社を評価しているからこそ，必要としているからこそ，バイアウトの対象になるわけですよ。喜ぶべきことじゃないですか。

> IPOもゴールのひとつだけれど，M&Aもこの会社の将来を考えるときの重要な戦略ということですね。正直，選択肢として考えていなかったです。

1．戦略的に「出口」を考える

　出口戦略とは英語のExit Strategyを訳したものです。Exit（イグジット）の意味が「出口」であることから出口戦略といわれていますが，起業家やスタートアップにとっての最終出口，つまり創業した会社の終着点をどこに置くかを考えて，その目標達成のための具体的方法論を検討する必要があります。

　第13話では，企業が成長するための手段のひとつであるM&A（Mergers & Acquisitions, 企業の合併・買収）に焦点を当てて，IPO以外の出口戦略を考えます。M&Aは，わが国ではいまだに「乗っ取り」というマイナスのイメージがありますが，育て上げるために時間を要する人材や技術，製品・サービスやブランドを手っ取り早く手に入れることができるという点では，まさに「時を買う」戦略であるといえます。買収提案を受け入れる側も，「乗っ取られる」のではなく，自社の成長戦略としてとらえるべきものであるといえます。こうした価値観や意識の変化を反映する形で，わが国でのM&Aの件数は増加してきています。**図表13-1**は形態別のM&A件数の推移ですが，形態別の内訳をみれば日本企業どうしが多くを占めるものの，日本企業による外国企業へのM&Aやその逆も一定量存在します。また，長期的な推移では，1990年代はじ

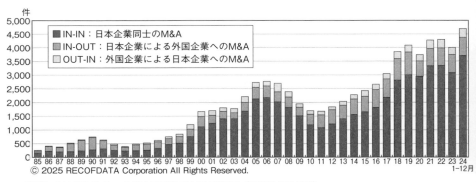

図表13-1　わが国が関わったM&A件数の推移

出所：MARR Online [グラフで見るM&A動向]（2025/01/07）
　　　https://www.marr.jp/menu/ma_statistics/ma_graphdemiru/entry/35326

めのバブル経済の崩壊や2008年に生じたリーマンショックの影響で一時的に減少したものの、その後持ち直して上昇していることが分かります。

第12話で取り上げている株式公開（IPO）も代表的な出口戦略のひとつですが、ここでは、近年中小企業やスタートアップにもその対象が広がって注目されてきているM&Aについて詳しく見ていくことにします。

2．M&Aの分類

M&Aは、文字通り、合併（mergers）と買収・取得（acquisitions）に分類されます。**図表13−2**はその分類を示しています。

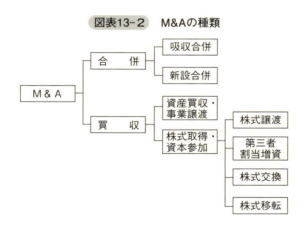

合併とは、複数の企業が1つの企業体となることで、吸収合併と新設合併とに分けられます。吸収合併とは、合体する企業のうち1つが存続し、残りの企業は存続企業に吸収されて消滅するような合併であり、多くの場合、この方法が採られます。新設合併とは、複数の企業が合体して新たな1つの企業に組織変更されるような合併であり、合併前の企業はいずれも消滅することになります。

一方、買収は、相手企業の事業部門や資産を取得する資産取得・事業譲渡と経営権の取得を目的に株式を取引する株式取得・資本参加とに分けられます。

資産取得は，買い手側企業が必要とする資産を売り手側企業から移転させることによっておこなわれます。ここでいう資産には，生産設備・機器や支店・営業所といった有形固定資産だけでなく，特許権・営業権やブランドなどといった無形固定資産も含まれます。また，営業活動に関わる一切を包括的に移転させるような場合は事業譲渡（営業譲渡）と呼ばれます。

　株式取得・資本参加は株式の移転によって売り手側企業の経営権を取得しようとするもので，さらに，株式譲渡，第三者割当増資，株式交換，株式移転に分類されます。株式譲渡とは，売り手側企業が発行済みの株式を譲渡することで，買い手側企業に経営権を譲り渡すものです。第三者割当増資は売り手側企業が買い手側企業あてに第三者割当増資をおこない，買い手側企業が資金を払い込むことで成立します。株式交換とは，子会社となる会社の株式のすべてを親会社になる会社が受け取り，それと交換に親会社になる会社の株式を子会社になる会社の株主に渡すことで，100％の親子会社の関係を作る方法です。株式移転は，主に持株会社化の手段として，将来的な経営統合を意図しておこなわれます。

　買収は一般に，買い手側企業と売り手側企業の合意によって成立しますが，売り手側企業にその意思がないにもかかわらず一方的に買収がおこなわれることも起こり得ます。これを同意なき買収と呼んで，前者の友好的買収（friendly acquisition）と区別しています[23]。

　同意なき買収では相手企業から直接に株式を取得することが困難となるため，相手企業に気付かれないように徐々に市場で株式を買い集めたり，新聞紙上で現株主に対して市場価格よりも高い価格での買い取りを公示して一度に大量の株式を取得するTOB（Take Over Bid，あるいはテンダーオファー（tender offer）ともいう）という方法がとられることになります。

---

[23] これまで「敵対的買収」（hostile takeover）と表現されてきましたが，「敵対的」という従来のネガティブなイメージから，2023年8月に経済産業省が策定した「企業買収における行動指針」では，敵対的買収という言葉に代わり「同意なき買収」と表記しています。

> **コラム** 事業承継とM&A
>
> 　M&Aの件数が増加し，なかでも中小企業に多く見られるようになってきた背景に，事業承継における後継者不足という事情があります。
> 　創業経営者やオーナー経営者の高齢化によって事業承継問題が喫緊の課題としてクローズアップされています。実子を含めた親族に後継者がいないため事業を継続できず，廃業・清算に追い込まれるケースが増加しているのです。
> 　親族への承継が困難な場合，次に考えられるのは経営幹部など，内部雇用の第三者に継がせる場合ですが，かなりの困難をともないます。オーナー経営者の引退に際してオーナーが保有する株式を買い取ることで経営の承継を行うことになりますが，それだけの資金がない場合がほとんどです。
> 　従業員の雇用を守りつつ，事業を継続させていくために残された現実的な手段は，会社や事業を譲渡，あるいは売却するという方法なのです。ここに，M&Aが中小企業のすそ野に浸透してきている背景があります。
> 　自らが創業し，発展させてきた会社を第三者へ売却することは，後ろ向きで否定的なイメージがありました。しかし，M&Aが広く，多く行われているアメリカでは，買いたいという会社が存在すること自体，その会社の評価が高いことを示しており，むしろ誇りとする考え方もあるのです。
> 　最近では中小企業のM&Aを仲介する業者も増加しています。件数の増加にともなって，第11話で見たような企業価値を適切に評価しなければならない機会が増加することは明らかだと言えるでしょう。

3．買い手が期待する効果

(1) シナジーの獲得

　M&Aで期待されるものとして，シナジー効果（synergistic effect）があげられます。シナジー効果とは，2つの独立した企業が合体することにより，合体以前のそれぞれの企業価値を合わせたものよりも大きくなるような，つまり「1＋1＞2」となるような効果のことです。

(2) 市場支配力の増大

　市場における当該企業の支配力の増大という観点から，M&Aは①水平的統合，②垂直的統合，③コングロマリット型統合の3つの戦略形態があります。

　水平的統合（horizontal integration）とは，同一産業に属する企業どうしが統合することで製品やサービスの市場における占有率を高めることを目的とするものです。これはヨコ方向の市場支配力を増大するものです。

　垂直的統合（vertical integration）とは，原材料の加工・製造段階から販売までの，いわゆる川上（upstream）から川下（downstream）に至る一連の事業プロセスを持つことによって競争上の優位性を得ることを目的とするものです。

　これにより，材料や部品を安定的かつ低価格で確保することが可能となり，より市場（顧客）に近いところから得られたニーズの変化を材料や部品の調達や生産計画に反映させるなどといったことが可能となります。たとえば総合食品メーカーがレストラン・チェーンを買収するといったような，タテ方向の市場支配力の増大を目的としたものがこれにあたります。

　コングロマリット型統合（conglomerate）とは，現在の製品・サービス，技術，販売市場などと関係のない，異なる事業分野の企業と統合することによって事業領域を広げることを目的とするものです。

　既存の事業分野から新規の事業分野に進出するという多角化を意図したものです。なお，多角化には，まったく異質な事業分野へ進出する非関連多角化と，既存の技術や市場などの資源が生かせる事業分野へ進出する関連多角化があります。

(3) キャッシュの獲得

　これまで見てきたM&Aの目的は，いずれも買い手側企業からの評価でした。同意なき買収でない限り，買い手と売り手の双方が合意の上で成立する契約行為ですから，吸収合併のようなパターン以外では，対等の立場となります。このように考えると，売り手側企業としても積極的な目的を持ってM&Aに関わ

る場合があってもおかしくありません。

特にスタートアップの場合，M&Aによって自社の株式や資産を売却することで多額のキャッシュを手にすることができ，そこで得られた資金を次の事業展開に向けて投資するということも考えられます。特にアメリカにおいては，スタートアップがM&Aのターゲットとされること自体，買い手側企業から評価された証しとして，むしろ成功パターンのひとつとして受け止められることが多いのも事実です。こうした視点に立てば，売り手側企業にとって，キャッシュを獲得するための重要な手段であると言えます。

4．成否を分かつ基準とは

多額の資金を投じるのですから，M&Aを成功させたいと思うでしょう。では，どのようなM&Aだと「成功」したといえるのでしょうか。逆に，どんなM&Aが「失敗」と評価されてしまうのでしょうか。

結論からいうと，成功や失敗を判断するための客観的な判断基準は存在しません。あくまで評価する人の主観である以上，同じM&Aを対象に評価しても，ある人は成功だというかもしれませんし，またある人は失敗と判断するかもしれないからです。

ただし，多くの人が判断の拠りどころとするのは，おおむね，次の2つだと考えられます。

1．当初意図していた目的を達成できたか
2．1のために投じた資金の額は妥当であったか
　　（十分なリターンを得ることができたか）

1つめは，先に述べたようなシナジー効果が生じているか，そのことによって企業価値が向上したかということです。さらにいえば，当初の想定通りのスピードで，早期にシナジーが実現されているのかも重要です。

2つめは投資評価の問題ですから，M&Aをおこなうにあたって事前に十分

に検討されているはずであり，少なくともその時点においては投資が「妥当」あるいは「適正」であったはずです。

しかし，1つめとの関わりでいえば，当初の目的が十分に達成されていなければ「事前評価によって予測した価値を超えた投資」となり，「高い買い物」になるでしょう。また逆なら「安い買い物」になるかもしれません。さらに，当初の目的とは異なる副産物が生じて，結果的に十分なリターンがあれば，投資は成功したといえるでしょう。

このように，M&Aの評価は，短期的におこなわれるべきものではなく，また一面的におこなうべきものでもありません。評価の基準となる期間や方法は数多くあるのです。その中で，可能な限り「成功したM&A」にするためには，M&Aによって期待されるシナジーを正確に見積もることと，売り手側企業の企業価値を正確に求めることであるといえるでしょう。そのために，第11話で扱った企業価値の評価が役立つのです。

5．さまざまなバイアウト

M&Aは既存企業どうしでおこなわれる企業戦略上の一手段ですが，そこに至るまでの過程，すなわち企業を起すこと自体に多くのリスクと困難が生じることはいうまでもありません。

そこで，企業に属する従業員に新しい事業を構想させて，構想した本人を中心に当該事業を発展させていくという取り組みをおこなう企業が増えてきました。こうした，企業内部で会社や事業を起す人たちのことをイントラプレナー（intrapreneur）といいます。

社内起業家，あるいは企業内起業家とも言われるイントラプレナーが自ら立ち上げた企業の経営者として独立するために，彼の属する企業から事業を買収することをマネジメント・バイアウト（Management Buy-Out, MBO）といいます。現代版の「のれん分け」であると言えるでしょう。

つまりMBOとは，既存企業に属する内部の人が，その人が運営に携わる事業部門を買収して新たに別会社を創り，自らがその経営者となるための取引な

図表13-3　さまざまなバイアウト

マネジメント・バイアウト（MBO）	経営陣による自社の買収。
マネジメント・バイイン（MBI）	MBO後に，出資した投資ファンドなどから選任された経営者が経営陣に参加するMBO。外部から経営陣を招き入れることが特徴。
マネジメント・エンプロイー・バイアウト（MEBO）	経営陣だけでなく，従業員の一部も出資しておこなわれるMBO。公開企業が非公開化を目的におこなうMBOでこの形態が用いられることが多い。
エンプロイー・バイアウト（EBO）	従業員が資金を出して行うバイアウト。出資者である従業員が経営を担う場合と，外部の専門家に経営を委ねる場合がある。
バイイン・マネジメント・バイアウト（BIMBO）	MBOに出資した創業者や経営陣と，MBO後に新たに選任される経営陣が共同してマネジメントをおこなうバイアウト。

のです。一般的なM&Aとの違いは，買い手となる企業が外部の第三者ではなく社内の人間である点です。

図表13-3は，MBOから派生した，さまざまなバイアウトの形態をまとめています。いずれにしても，既存企業から派生した事業を独立・発展させていくということに変わりはありませんから，新しい企業の経営者は既存企業との間で資金的，業務的に深いつながりの下で協働していくことになります。この点においては，比較的友好的な関係の下でおこなわれるM&Aであるといえるでしょう。

M&AにしてもMBOにしても，相手先企業を買収するためには多額の資金が必要となります。先に述べたように，株式交換による買収という方法もありますが，自社の株式に交換するに足る価値があることが前提であり，どんな場合でも可能というものではありません。

このような場合，買収資金の多くは，金融機関等からの融資に頼ることになりますが，保有資産が脆弱で担保価値に乏しいスタートアップや小規模企業にとっては，融資を受けることも容易なことではありません。そこで，買収することによって手に入る売り手側被買収企業の資産や将来の収益力というものを担保に資金を調達して，その資金でM&Aをおこなうという方法が考えられる

ようになりました。このような，被買収企業の資産や収益力を担保に調達した資金による買収をレバレッジド・バイアウト（Leveraged Buy-Out, LBO）といいます。

　多額の資金を有しない企業であっても大規模な企業を買収することが可能となりますから「小が大を呑み込む」というM&Aが可能となります。LBOが，先に見たような，既存企業から「のれん分け」を受けた経営陣や従業員などによっておこなわれる場合はMBOの中に含まれることになり，友好的なM&Aとなります。しかし，売り手側企業とは関わりのない外部の企業によっておこなわれる場合は，同意なき買収に発展していくことも考えられます。

　アメリカでは，特に1980年代後半に，LBOによる同意なき買収が盛んにおこなわれました。しかし，買収に成功しても借金は残ることになりますから，そのため財務状態が悪化したり，借金返済のために売り手側企業の有望事業や優良資産を次々と売却するといったことがおこなわれました。この結果，売り手側企業のみならず，買い手側企業の企業価値までもが低下してしまうようになり，LBOに対する批判が高まったことがあります。

ここがポイント！

☞M&Aは，スタートアップにとってIPOと並ぶ，代表的な出口戦略である。

☞M&Aによって期待される効果として，シナジーの獲得，市場支配力の増大，キャッシュの獲得などがある。

☞M&Aが成功したか否かの評価は短期的におこなわれるべきものではなく，むしろ成功させるために，買収後の企業価値の向上に配慮すべきである。

第14話　成果を株主に還元する

　M&Aでは売り手側企業にも，買い手側企業にもならなかったですが，長年の夢だった株式公開を果たした船出君の会社。たまに教授の研究室を訪ねて経営のアドバイスや仕事のヒントをもらう以外は，全神経を集中してスタートアップの経営に注力してきました。少しだけ時間に余裕ができた今，改めて振り返ると，これまで資金面でお世話になった方々へ十分なお礼ができていなかったような気がします。

　会社を創って間もない初期の段階では，稼ぎ出した利益はたとえ少しであってもそのおカネを事業拡大や市場シェア獲得といった成長のために使ってきました。そのこと自体，多くのスタートアップが取る当然の行動といえるでしょう。しかし事業が軌道に乗って安定性を増した今，株主に対する感謝の意を表して，長期的な投資魅力を高めるための施策が必要なのではないかと船出君は思いはじめていました。

　船出君の会社に資金提供してくださった株主の方々は，文句も言わずに成長を見守ってくれました。そのおかげで，意のままの経営を行って来れたのです。さらなる成長に向けて，次のステージへステップアップするためにも，経営成果を還元することによって株主との信頼関係を築き，資金調達や成長支援をスムーズに進める必要があるのです。資金的にも，精神的にも少し余裕ができた今だからこそ，お世話になった株主へのお礼と具体的な還元方法について，教授からのアドバイスをもらうべく，久しぶりに研究室詣でをしてみることにしました。

株主還元って言葉をよく耳にするようになったのですが，正直，十分に配慮できていなかったと反省しています。真剣に検討しようと思っています。

今まで急成長してきて，そのためにおカネが必要だったから仕方ないですよ。でもこれからは株主還元も意識した経営をおこなっていきましょう。

1．株主還元とは

　諸経費や税金などを支払った後に残った最終的な利益（純利益）や，過去に蓄積した利益などを原資として株主に配分することを株主還元といいます。株主還元は大きく，配当による還元と自社株買による還元に分かれます。

　スタートアップの多くは，創業直後から急成長を遂げてきて，稼ぎ出した利益はさらなる成長のための設備投資やM&Aに振り向けられてきたと考えられます。こうした投資に加えて，株主に対する利益の還元に関心を寄せることが求められるのです。

　株主還元に関する意思決定問題として，成長投資にいくら使い，株主還元にどれだけ使うかというものが挙げられます。第11話で述べてきた考え方に従えば，まず企業価値を高めることになる有益な案件に投資して，それでもなお余剰資金があれば株主還元を検討することになるでしょう。それゆえ，まずは企業価値を向上させる案件に投資すべきというのは理に適った考え方だといえるでしょう

　株主還元をおこなうかどうかは，経営者が長期的視点に立って経営方針を考えて，それをもとに意思決定をおこなうものであるといえます。事業機会が豊富にあると判断してさらなる成長を求めるならば，稼いだおカネの多くを再投資に回すべきでしょう。ただし，その場合には株主と十分に話し合って彼らに対する還元が先送りになってしまうことに理解，納得してもらうことが肝心です。

　大事なのは，株主への還元が多いほど株主にとって有益になるとは必ずしも限らないということです。第10話の「資本コスト」のところでお話ししたように，株主としては，たとえば配当としてキャッシュを受け取るよりも，企業内部におカネを留保して，それを成長のための再投資に使ってくれた方がより多くの収益を得ることが可能となると考えることもあります。

　たとえば言わずと知れたGAFAM[24]の一角をなすマイクロソフト社は1975年の創業以来，Windows 95などの大ヒットで巨額の利益を上げていた90年代も無配当を続けました。同社が初めて株主に配当で還元したのは2003年のこと

でした。この間，大切な資金を投資に回すことができたからこそ，長期にわたる成長を達成できたといえるでしょう。そして注目すべきは，マイクロソフト社の姿勢を受け容れた株主の存在です。同社はスタートアップの時代から巨大企業となった現在に至るまで，株式をナスダック市場に上場しており，多くの企業がステップアップしてニューヨーク証券取引所に鞍替えする中，ナスダック市場にとどまっているのはよく知られた話です。ナスダック市場には，株主還元よりも企業成長を重視する投資姿勢の株主が多いと考えられ，ナスダック市場に上場しているスタートアップを支えているといえるでしょう。

2．配当による株主還元

　企業が営業活動によって得たキャッシュフローのうち，どれぐらいを成長のための事業に再投資するのか，どれぐらいを株主に還元するのかを考えて，さらには後者についてはどのような方法を選択して還元を実施するのかについて，長期的視点に立って意思決定することを配当政策（Dividend Policy）といいます。

　投資家にとって株式に投資することで（株主になることで）得られるリターンは株価の値上がりと配当金の2つを足したものとなります。この両者を投資した元本で割ったものが，投資家（株主）にとっての投資利回りとなります。

(14-1)　投資利回り (%) $= \dfrac{(P_1 - P_0) + D_1}{P_0} \times 100$

　　　ここで，P_0は購入時（0期）の株価，P_1は1期後の株価，D_1は1期後に受け取る配当

　経営者は，この投資利回りが投資家の期待を上回るものとなるような経営を求められます。$(P_1 - P_0)$ で示された株価の上昇分と，D_1で示された配当金の

---

24) GAFAMとは，Google・Amazon・Facebook（現Meta Platforms, Inc）・Apple・Microsoftの世界的なシェアや時価総額を誇る巨大IT企業5社の企業名の頭文字をとった呼び名で，ガーファムもしくはガファムと発音されています。

最大化です。投資家にとってのこれらの利益は，前者がキャピタルゲイン，後者がインカムゲインと言われます。

　しかし，経営者自身は株価をコントロールできないので，取りうる施策は配当金を管理することであり，これを配当政策と呼んでいます。

　日本企業の配当政策の変遷を見ると，安定配当型から業績連動型へと変化してきました。

　安定配当型とは，配当金の原資となる利益の増減に関わりなく一定額（1株当たり配当金）の配当を維持することです。企業の利益額は毎年変動しますから1株当たり利益（EPS）も変動します。しかし，安定配当型では1株当たりの利益の変動にかかわらず1株当たりの配当金は前の年と同様の額を安定して支払うことになります。

　業績連動型とは，各年度の業績（当期純利益の総額）に応じて配当金の総額が決定されるものです。純利益の中からどれぐらいの割合で配当金に充てるかをあらかじめ決めておけば業績が好調の時には株主に十分な還元ができますし，逆に不調の時には配当金の負担が軽減されることになります。この割合のことを配当性向といい，14-2式のように求められます。

$$（14\text{-}2）\quad 配当性向（\%） = \frac{配当金総額}{当期純利益} \times 100$$

　業績連動型の配当政策へシフトした背景のひとつとして，機関投資家からの要請が高まったことが挙げられます。「もの言う株主」として企業価値の向上を目的に安定配当から業績連動型配当への転換を求める事例が増加するに連れて，多くの企業がそれに対応した配当政策をとるようになってきているのです。**図表14-1**に安定配当型と業績連動型の特徴をまとめています。

図表14-1　安定配当型と業績連動型

	一定であるもの	変動するもの
安定配当型	１株当たり配当額	当期純利益に占める配当総額の割合
業績連動型	配当性向	配当総額

　安定配当型と業績連動型に加えて，スタートアップを中心に成長段階にある企業が採る配当政策として，投資重視型があります。投資重視型とは，配当の支払よりも企業成長や企業価値向上のための投資に資金を振り向けることを重視する考え方です。稼いだおカネを配当金の支払で社外に流出させるよりも，社内に留保しておいて魅力的な投資機会が生じたときに資金を投じる方がよいと，会社側も株主側も認めた場合に成り立つ考え方です。魅力的な投資機会に富む成長企業やスタートアップに見られる配当政策です。

3．自社株買いによる株主還元

　自社株買い（自社株取得）とは，会社が過去に発行した自社の株式を株式市場から時価で買い取ることをいいます。会社のおカネを使って株主から買い取るということは，会社内にあった資金が株主に移転する点で株主還元となりますが，配当による還元と違って株価の上昇が期待できると考えられます。このことを詳しく見ていきましょう。

　まず，会社が株主から買い取った自社株は発行済株式数から控除されますから，利益総額に変化がない限り，発行済株式数で割った１株当たり利益（EPS）は上昇します。14-3式のように分母の発行済株式数が減ることでEPSが高まるということは，業績を上方修正したことと同じ結果が得られることですから，市場で好感され，株価が上昇する要因となります。

$$(14\text{-}3) \quad \text{EPS（Earnings Per Share）} = \frac{当期純利益}{発行済株式数}$$

　また，株価収益率（PER）が低下し，株価が割安と判断されて買い圧力が高

まり，株価が上昇することが期待されます。PERは株価をEPSで割って求められますから14-4式のように分母のEPSが上昇すればPERが低下することになるからです。

$$(14\text{-}4)\quad \text{PER（Price Earnings Ratio）} = \frac{株価}{\text{EPS}}$$

最後に，株主資本利益率（ROE）が上昇し，収益性が高まったと判断されて株式の需要が高まり，株価が上昇することが期待されます。14-5式のようにROEは利益を株主資本で割って求めますが，自社株買いによって分母の株主資本が減少すればROEが上昇するからです。

$$(14\text{-}5)\quad \text{ROE（Return On Equity）} = \frac{利益}{株主資本}$$

こうした株価の上昇がもたらす効果のひとつとして，同意なき買収の防衛につながることが挙げられます。株式を市場から買い戻すことで自社株の持株比率が高まるので，同意なき買収を企てる企業が目的達成のために必要な株数を取得することが困難になります。加えて，市場から株数が減少することで株価が上昇することになり，経営権を取得するために必要な資金が増加して買収が困難になることにつながります。

以上のように，自社株を買って償却することは株主還元に加えて，会社にとってもメリットがありますが，一方で資金繰りの悪化や，株主資本比率の低下などのデメリットも指摘されています。

会社が自らの資金を使って株式市場で取得した自己株式は原則的に譲渡したり売却したりできません。そのため，資金操りが悪化する可能性があります。

また，自己株式は純資産（株主資本）の部の勘定科目に分類されているため，自己株式を消却すると純資産が減少して株主資本比率が低下します。上述したように，発行株式数が減少するため一次的に1株当たりの株価は上昇しますが，長期的に見て事業成長が見込めない場合，株価の大きな上昇は期待できず，株

主資本比率の低下というデメリットがクローズアップされることになります。

4．目標としての株主資本配当率

ペイアウト政策における新しい考え方として，株主資本配当率（Dividend On Equity, DOE）があり，14-6式のように求められます。DOEは，企業が株主に対して支払う配当金総額が，株主の本来の持分である株主資本に占める割合を示しています。

(14-6)　株主資本配当率（％）＝DOE＝$\dfrac{配当金総額}{株主資本}\times 100$

ペイアウトの指標として配当性向（14-2式）を用いると，利益の変動は年度ごとに生じる可能性があることから，その変動に応じて配当の変動も大きくなります。一方でDOEを用いると，分母の株主資本が過去の利益の蓄積であることから，年度ごとでの大きな変動はなく，配当の変動は小さくなります。

したがってDOEを目標とする企業の配当は，配当性向を目標とする企業の配当よりも安定的になります。

ここがポイント！

☞ スタートアップの多くは創業直後から急成長を遂げてきて，利益の多くを設備投資などに振り向けてきたが，これらの投資だけでなく，株主に対する利益の還元に関心を寄せることも必要である。

☞ 株主還元を行うかどうかは，経営者が長期的視点に立って経営方針を考えて，それをもとに意思決定をおこなわなければならない。

☞ 株主還元における新しい考え方として，株主資本配当率（DOE）がある。DOEを目標とする企業の配当は，安定的になる。

エピローグ　スタートアップファイナンスという保険

　船出君は，自分が起業した会社の営業権をアパレル大手に売却したことで得た資金で，後進の育成にあたるべく，ファイナンスや会計の重要さをシッカリ教えることができる起業家向け教育機関，インキュベーター施設の設立を考えていました。
　ビジネスパーソンから独立，起業して8年，この間，がむしゃらに突っ走ってきました。
　しかし，それでも道を大きく外れなかったのは，たまに訪れた教授との会話の中でファイナンスの重要性とそれを疎かにすることで生じる危険の怖さを何度も何度も聞かされていたからかもしれません。
　教授の話が脅しでないことは，起業家として頑張ってきた8年間で，多くの同志が資金の手当てがつかずに志半ばにして去って行ったことが証明しているでしょう。
　大学教授よりももっとフィールドに近い場で，起業家のためのファイナンス教育をおこなっていこう。そう決めた時から，インキュベーター施設を設立するという新たなビジョンは船出君の中でカタチになりはじめていたのでした。
　こんな自分の考えに，教授はきっと喜んで，賛同してくれるだろう。
　師走の半ばに訪れた教授の研究室のドアには，例によってクリスマスリースが飾ってありました。
　ノックをしようとドアに近づくと，ほんのり甘いヘーゼルナッツフレーバーのコーヒーの香りと，ジャズの音色が聞こえてきました。

> 教授，お疲れ様でした。これまでお付き合いいただき感謝です。これからは後進の指導とスタートアップ環境の整備に注力します。

> よく頑張ったね。いろんな経験をした人だからこそやれることがたくさんあるはず。期待していますよ。コーヒーを飲みながら，船出君の新たなビジョンを聞かせてもらいましょう。

常に新しいことにチャレンジし前進を続ける起業家に「終章」は存在しないでしょうから，教授と船出君の物語でもエピローグはふさわしくないかもしれません。
　すべての起業家にエピローグは存在してほしくないのですが，志なかばにして事業の「終章」を迎えざるを得ないことがあるのも事実です。
　そうした人たちと，船出君との違いは何でしょうか。
　本書のプロローグで詳述したように，新しくビジネスを始めるにあたっては「危険」がいっぱいです。この「危険」な事業運営にあたって，ファイナンスの知識と知恵を駆使したマネジメントをおこなうという，「保険」を掛けているか否かの違いなのではないでしょうか。
　筆者はこれまでに，日米の多くの起業家に接し，インタビューや質問票調査などをおこなってきました。素晴らしいアイデアを持った人たち，燃えんばかりの情熱のかたまりのような人たち。夢の実現に向かって前だけを見てひたすら突っ走る姿は，傍で見ているだけでもすがすがしい限りです。
　だからこそ，一途なままで夢を追いかけることができるために「保険」が必要なのです。
　本書を手に取っていただいた皆さんは，成功に導くための重要な「保険」のひとつがファイナンスであるという筆者の主張に共感いただけると思います。
　本書のエピローグとして，スタートアップにともなう「冒険」には，スタートアップファイナンスという「保険」が必要不可欠であるとの認識が高まることを願います。そして，より多くの起業家の方々が，自分の夢を実現できることを心より祈りつつ。

索　引

欧文

- B/S ……………………………………… 46
- BEP ……………………………………… 102
- BPS ……………………………………… 143
- DCF法 …………………………………… 119
- DOE ……………………………………… 177
- EBIT ……………………………………… 142
- EBITDA ………………………………… 142
- EPS ……………………………………… 143
- EVA® …………………………………… 146
- IPO ……………………………………… 150
- IRR法 …………………………………… 121
- LBO ……………………………………… 170
- LLC ……………………………………… 35
- M&A ………………………………… 140, 162
- MBO ……………………………………… 168
- MVA ……………………………………… 147
- NOPAT ………………………………… 146
- NPV法 ………………………………… 119
- P/L ……………………………………… 49
- PBR ……………………………………… 143
- PER ……………………………………… 143
- PP法 …………………………………… 123
- ROA ……………………………………… 89
- ROE ……………………………………… 90
- ROIC ……………………………………… 90
- TOB ………………………………… 140, 164
- WACC …………………………………… 130

あ行

- 安全性 …………………………………… 93
- アンダープライシング ……………… 158
- アンダーライター …………………… 155
- 安定期 …………………………………… 61
- 安定性 …………………………………… 95
- アントレプレナー ……………………… 17
- インカムアプローチ ………………… 145
- インカムゲイン ……………………… 174
- インタレストカバレッジ ……………… 95
- 売上債権 ………………………………… 79
- 売上債権回転期間 ……………………… 81
- 売上債権回転率 ………………………… 92
- 売上総利益 ……………………………… 49
- 売上高利益率 …………………………… 89
- 売出 ……………………………………… 155
- 運転資本 ………………………………… 78
- 運用 ……………………………………… 45
- 営業利益 ………………………………… 49
- オペレーティング・レバレッジ …… 110

か行

- 買入債務 ………………………………… 79
- 買入債務回転期間 ……………………… 82
- 買入債務回転率 ………………………… 92
- 回収期間法 …………………………… 123
- 外部金融 ………………………………… 55
- 貸方 ……………………………………… 47
- 加重平均資本コスト ………………… 130
- 合併 ………………………………… 140, 163
- 株価収益率 …………………………… 143
- 株価純資産倍率 ……………………… 144
- 株式移転 ……………………………… 164
- 株式会社 ………………………………… 33
- 株式公開 ……………………………… 150
- 株式公開買付 ………………………… 140
- 株式交換 ……………………………… 164
- 株式取得 ……………………………… 164

181

株式譲渡	164
株主還元	172
株主資本	55
株主資本当期純利益率	90
株主資本配当率	177
株主資本比率	95
貨幣の時間価値	117
借方	47
関係比率分析	88
勘定科目吟味法	103
間接金融	56
機会コスト	127
企業	32
企業価値	139
キャッシュアウトフロー	67, 116
キャッシュインフロー	67, 116
キャッシュフロー	67
キャッシュフロー計算書	67
キャピタルゲイン	174
吸収合併	163
狭義のファイナンス	28
経済付加価値	146
経常利益	50
限界利益	107
現金主義	66
現在価値	118
効果的経営	29
広義のファイナンス	28
貢献利益	107
構成比率分析	88
合同会社	35
公募	155
効率的経営	29
コストアプローチ	141
固定資産	48
固定資産回転率	92
固定長期適合率	94

固定費	102
固定比率	94
固定負債	48, 55
コングロマリット型統合	166

さ行

財務諸表	88
財務諸表分析	88
散布図表法	104
時価純資産法	142
事業コンセプト	23
資金調達	54
資産	47, 48
資産取得	164
試算表	46
自社株買い	175
シナジー効果	165
資本回転率	89, 91
資本コスト	126
資本循環	44
資本生産性	97
資本利益率	89
収益	49
収益性	89
終時価値	118
従属投資	115
純資産	48
正味運転資本	81
正味運転資本回転期間	82
正味現在価値法	119
新設合併	163
垂直的統合	166
水平的統合	166
趨勢分析	88
スタートアップ	15
ステークホルダー	42
税金等調整前当期純利益	50

生産性	95
成長期	60
設備投資	114
総資本営業利益率	89
損益計算書	49
損益分岐点	102
損益分岐点図表	105

た行

第三者割当増資	164
貸借対照表	46
棚卸資産回転率	91
他人資本	55
短期資本	55
単利計算	117
中期利益計画	24
長期資本	55
調達	45
直接金融	56
ディスカウント・キャッシュフロー法	119
敵対的買収	164
出口戦略	162
店頭登録	151
同意なき買収	164, 176
投下資本利益率	89
当期純利益	49
当座比率	93
投資利回り	173
独立投資	114
取引	45

な行

内部金融	55
内部収益率法	121
ネットキャッシュフロー	116

は行

買収	140, 163
排他的投資	120
配当性向	174
配当政策	173
発生主義	66
初値	157
バリューチェーン	79
引受証券会社	155
ビジネスエンジェル	15, 60
ビジネスプラン	22
ビジネスリスク	111, 133
1株当たり純資産	143
1株当たり当期純利益	143
費用	49
費用分解	103
ファイナンシャル・リスク	134
ファイナンシャル・レバレッジ	131
付加価値	97
複式簿記	45
複利計算	117
負債	48
ブックビルディング方式	156
フリーキャッシュフロー	70, 71
ベンチャー企業	15
ベンチャーキャピタル	15
変動費	103
変動費率	103
変動費率法	103
法人化	32
簿価純資産法	142

ま行

マーケットアプローチ	142
マネジメント・バイアウト	168
マルチプル	142

無限責任	34	流動資産	48
持分会社	33	流動性	93
		流動比率	93

や行

有限責任	33	流動負債	48
友好的買収	164	類似企業比準法	142
予想キャッシュフロー計算書	24	類似業種比準法	142
予想損益計算書	24	レバレッジド・バイアウト	170
		労働生産性	97

ら行

わ行

リスク	14	割引率	119

【著者紹介】

中井　透（なかい　とおる）

京都産業大学経営学部教授
博士（マネジメント）
慶應義塾大学大学院経営管理研究科修士課程修了。
広島大学大学院社会科学研究科博士後期課程修了。
日本財務管理学会会長・常任理事，日本経営財務研究学会評議員などを歴任。

主要著書：

『（新版）はじめて学ぶ会計・ファイナンス』（共著）中央経済社，2024年
『SDGsの経営学』（分担執筆）千倉書房，2022年
『中小企業経営入門（第2版）』（分担執筆）中央経済社，2022年
『物語でわかるベンチャーファイナンス入門』（単著）中央経済社，2013年
『スモールビジネスの財務』（分担執筆）中央経済社，2009年
『価値創造のマネジメント』（編著）文眞堂，2006年
『入門アントレプレナー・ファイナンス』（単著）中央経済社，2005年
『経営財務計算論』（単著）中央経済社，1996年

物語でわかる（ストーリー）

スタートアップファイナンス入門

2013年3月30日	第1版第1刷発行
2023年1月10日	第1版第7刷発行
2025年3月31日	第1版第1刷発行（改訂改題）

著　者　中　井　　　透
発行者　山　本　　　継
発行所　㈱中央経済社
発売元　㈱中央経済グループ
　　　　パブリッシング

〒101-0051　東京都千代田区神田神保町1-35
電話　03（3293）3371（編集代表）
　　　03（3293）3381（営業代表）
https://www.chuokeizai.co.jp
印刷／三英グラフィック・アーツ㈱
製本／㈲井上製本所

Ⓒ 2025
Printed in Japan

＊頁の「欠落」や「順序違い」などがありましたらお取り替えいたしますので発売元までご送付ください。（送料小社負担）
ISBN978-4-502-53591-8　C3034

JCOPY〈出版者著作権管理機構委託出版物〉本書を無断で複写複製（コピー）することは，著作権法上の例外を除き，禁じられています。本書をコピーされる場合は事前に出版者著作権管理機構（JCOPY）の許諾を受けてください。
JCOPY〈https://www.jcopy.or.jp　eメール：info@jcopy.or.jp〉

一般社団法人 日本経営協会【編】

マネジメント検定試験
公式テキスト

マネジメント検定試験とは

▶ 経営・マネジメントに関する知識・能力を判定する全国レベルの検定試験です。

▶ 個人・法人問わず,スキルアップやキャリア開発などに幅広く活用されています。

▶ 試験のグレードがあがるほど,ビジネスシーンでの「実践力」「対応力」が身につきます。

経営学の基本
（Ⅲ級）

マネジメント実践1
（Ⅱ級）

マネジメント実践2
（Ⅱ級）

中央経済社

経営学入門	人的資源管理	経済学入門	金融論	法学入門
経営戦略論	組織行動論	ミクロ経済学	国際金融論	憲法
経営組織論	ファイナンス	マクロ経済学	労働経済学	民法
経営管理論	マーケティング	財政学	計量経済学	会社法
企業統治論	流通論	公共経済学	統計学	他

いま新しい時代を切り開く基礎力と応用力を
兼ね備えた人材が求められています。
このシリーズは，各学問分野の基本的な知識や
標準的な考え方を学ぶことにプラスして，
一人ひとりが主体的に思考し，行動できるような
「学び」をサポートしています。

中央経済社

本書とともにお薦めします

新版 経済学辞典

辻　正次・竹内　信仁・柳原　光芳〔編著〕　四六判・544頁

本辞典の特色

- 経済学を学ぶうえで，また，現実の経済事象を理解するうえで必要とされる基本用語約1,600語について，平易で簡明な解説を加えています。

- 用語に対する解説に加えて，その用語と他の用語との関連についても示しています。それにより，体系的に用語の理解を深めることができます。

- 巻末の索引・欧語索引だけでなく，巻頭にも体系目次を掲載しています。そのため，用語の検索を分野・トピックスからも行うことができます。

中央経済社